OITO HOMENS QUE INFLUENCIARAM O MUNDO

Hernandes Dias Lopes

© 2009 por Hernandes Dias Lopes

1ª edição – junho de 2009
6ª reimpressão: março de 2022

REVISÃO
Charleston Fernandes
João Guimarães

DIAGRAMAÇÃO
Letras Reformadas

CAPA
Douglas Lucas

EDITOR
Aldo Menezes

COORDENADOR DE PRODUÇÃO
Mauro Terrengui

IMPRESSÃO E ACABAMENTO
Imprensa da Fé

As opiniões, as interpretações e os conceitos emitidos nesta obra são de responsabilidade do autor e não refletem necessariamente o ponto de vista da Hagnos.

Todos os direitos desta edição reservados à
EDITORA HAGNOS LTDA.
Av. Jacinto Júlio, 27
04815-160 — São Paulo, SP
Tel.: (11) 5668-5668

E-mail: hagnos@hagnos.com.br
Home page: www.hagnos.com.br

Editora associada à:

Dados Internacionais de Catalogação na Publicação (CIP)
(Câmara Brasileira do Livro, SP, Brasil)

Lopes, Hernandes Dias

Oito homens que influenciaram o mundo / Hernandes Dias Lopes. — São Paulo: Hagnos, 2009.

ISBN 978-85-243-0400-2

1. Conversão 2. Deus - Ensino bíblico 3. Patriarcas (Bíblia) 4. Perdão dos pecados 5. Revelação 6. Vida cristã - Ensinamento bíblico I. Título.

09-05356   CDD-222:11092

Índices para catálogo sistemático :
1. Patriarcas bíblicos : Vida e obra   222:11092

Dedicatória

Dedico este livro ao reverendo Oadi Salum, mui digno professor do Seminário Presbiteriano do Sul, em Campinas. Com ele aprendi os primeiros princípios acerca da pregação. Ainda hoje, depois de mais de 25 anos, lembro-me com saudade de suas aulas de Homilética, cheias de entusiasmo e inspiração.

Sumário

Prefácio 7

Capítulo 1
Jacó, de ladrão a príncipe 11

Capítulo 2
O feitiço se volta contra o feiticeiro 21

Capítulo 3
O herói que sofria de lepra 32

Capítulo 4
O rei megalomaníaco enlouquece 46

Capítulo 5
O cobrador de impostos corrupto 57

Capítulo 6
O ladrão à beira da morte 66

Capítulo 7
Saulo, o maior perseguidor da igreja 75

Capítulo 8
A conversão de um soldado graduado 87

Prefácio

Algumas mudanças na vida de um ser humano são tão grandes, tão profundas e tão sentidas, que transformam para sempre esse indivíduo. É comum chamarmos a essas mudanças, especificamente a espiritual, por "conversão".

O dicionário Houaiss, em sua versão eletrônica, traz as seguintes definições para o verbete "conversão": Ato ou efeito de converter(-se); transformação de uma coisa, de um estado, de uma forma etc. em outra; mudança de visão, de costumes etc.; alteração de sentido, de direção; substituição de uma coisa por outra; mudança fundamental de atitude ou opinião.

Este livro falará exclusivamente sobre este tipo de conversão: a espiritual, a entrega, por parte do homem, de sua vida para Deus; para a fé cristã, a maior decisão que o ser humano pode tomar.

Sem conversão ninguém pode ser salvo. Sem conversão sua vida é vã, sua religião é vã e sua esperança é vã. Embora seja uma decisão absolutamente necessária, a conversão espiritual é uma obra soberana e exclusiva de Deus. Não podemos mudar a nós mesmos, assim como um etíope não pode mudar sua pele nem um leopardo as suas manchas.

Sua religião não pode levar você a Deus. Suas obras não podem recomendar você ao céu. Seus méritos não são suficientes para conduzir você à bem-aventurança eterna. Não se alcança a conversão mudando de igreja, de religião ou adotando determinados ritos sagrados. Tampouco, a conversão é uma mudança externa. A conversão não é um verniz espiritual.

[8] Oito homens que influenciaram o mundo

A conversão não se assemelha a fazer uma reforma externa, como uma caiação por cima de uma estrutura muitas vezes podre. Conversão não é algo aparente, rotineiro, raso ou superficial. Trata-se de uma mudança radical. A conversão espiritual significa receber um novo coração, uma nova mente, uma nova vida, uma nova família, uma nova pátria. A conversão não significa aderir a um legalismo religioso. Há muitos indivíduos fervorosos e zelosos na sua prática religiosa que jamais experimentaram a verdadeira conversão. Há muito fanatismo em nome de Deus que não passa de uma grotesca caricatura da genuína conversão. Há muitas pessoas que aprendem cacoetes religiosos, apresentam um estereótipo espiritual e se declaram convertidas, mas nunca foram alcançadas pela graça de Deus.

A conversão é uma mudança no interior da pessoa. Operada pelo próprio Deus, a conversão espiritual se apresenta como uma obra profunda, verificável e permanente. Ela se evidencia por meio do arrependimento e da fé. Uma pessoa convertida se volta do pecado para Deus. Ela é salva do pecado. Ela evidencia a transformação de seu espírito demonstrando tristeza pelo pecado e alegria indizível por conhecer a Deus. Um indivíduo convertido tem o eixo nevrálgico de sua vida mudado. Se antes estava morto, agora está vivo; se antes era escravo, agora está livre. Se antes vivia na coleira do Diabo, agora se assenta com Cristo nas regiões celestes acima de todo principado e potestade. Se antes seu coração se refestelava nos prazeres do mundo, agora o seu prazer está na lei do Senhor. Se antes ele amava o dinheiro e se prostrava diante de Mamom; agora adora a Deus, ama as pessoas e usa o dinheiro para fins proveitosos. Se

Prefácio [9]

antes ele mentia, agora de sua boca saem palavras verdadeiras. Se antes ele era impuro, agora anseia e se deleita na santidade.

O livro que você tem em mãos aborda a vida de oito homens que experimentaram essa mudança espiritual radical: quatro personagens do Antigo Testamento e quatro do Novo Testamento. Cada um traz uma história diferente, vivida em tempos diferentes e com desfechos também diferentes. Mas todos passaram por uma transformação profunda, que resultou em sua salvação pessoal.

Hoje, temos muitos templos religiosos abarrotados de pessoas sem convicção alguma de pecado. Pessoas que buscam milagres, mas não a salvação; que correm atrás de prosperidade, mas não tiveram a graça de ter seus pecados perdoados. Sôfregas, procuram cura para o corpo, mas ainda não encontraram a salvação para suas almas. São pessoas buscando um paraíso na terra, sem ter a garantia de que seus nomes estejam escritos no livro da vida.

Minha ardente expectativa é que você, leitor(a), faça um diagnóstico de sua vida. É tempo de voltar-se para o Senhor. Como embaixador de Deus, eu rogo a você que se reconcilie com Deus. Se hoje você ouvir a voz de Deus, não endureça o seu coração. Hoje é o dia oportuno. Hoje é o dia da sua salvação.

Hernandes Dias Lopes

(Capítulo 1)

Jacó, de ladrão a príncipe

Como adiantamos no prefácio, a transformação total, a conversão espiritual de uma pessoa, de seus pecados e em direção a Deus, não é algo que ela possa fazer por si mesma, antes é obra exclusiva de Deus.

Antes de conhecer a Jesus, o homem está espiritualmente morto. Ele não busca a Deus nem pode amá-lo. É Deus quem abre o coração do homem para a fé, que o convence do pecado, o regenera e o conduz ao arrependimento. É Deus quem lhe dá a fé salvadora e também quem o justifica.

Neste capítulo, veremos a ação soberana de Deus na vida de Jacó, um dos patriarcas dos hebreus. Jacó, filho de Isaque e neto de Abraão, foi escolhido por Deus antes do nascimento. Deus o chamou de forma irresistível e o transformou de forma completa. O amor de Deus por Jacó se mostrou incondicional (Malaquias 1:2). Deus não amou a Jacó em virtude de quem Jacó era, mas "apesar de Jacó ser quem era". Deus não o amou por causa de suas virtudes, mas "apesar de seus defeitos". Não em função de seus méritos, mas "apesar de seus deméritos".

DEUS AMA A JACÓ A DESPEITO DE JACÓ

Neste amor expresso por Deus em relação a Jacó, quatro verdades consoladoras merecem destaque:

[12] Oito homens que influenciaram o mundo

Deus amou a Jacó antes de Jacó conhecê-lo (Gênesis 25:23; Malaquias 1:2)

O amor de Deus por Jacó não é motivado por fatores externos. Deus o amou e o escolheu soberanamente, livremente, independente dos méritos de Jacó, quando disse para Rebeca: "O mais velho servirá o mais moço" (Gênesis 25:23).

O profeta Malaquias escreve: "Eu vos tenho amado, diz o Senhor; mas vós dizeis: Em que nos tens amado? Não foi Esaú irmão de Jacó? Disse o Senhor; todavia amei a Jacó, porém aborreci a Esaú" (Malaquias 1:2). Não havia méritos em Jacó para ser amado. A causa do amor de Deus por Jacó não estava em Jacó, mas no próprio Deus. É de tal modo também, que Deus nos ama. Deus nos escolheu em Cristo não por causa das nossas obras, mas para as boas obras; não porque éramos obedientes, mas para a obediência. Deus nos escolheu quando éramos pecadores, quando estávamos mortos. Ele colocou o seu coração em nós, antes mesmo da fundação do mundo, antes dos tempos eternos.

Deus amou a Jacó mesmo sem ele merecer (Gênesis 25:23)

Jacó recebeu um nome que espelhava sua personalidade: enganador, suplantador. Jacó nasceu segurando o irmão pelo calcanhar e, mais tarde, se aproveitou de um momento de fraqueza de Esaú para arrancar-lhe o direito de primogenitura. Mais adiante, Jacó se aproveitou de um momento de cegueira do seu pai para enganá-lo passando-se por Esaú. Ele mentiu em nome de Deus e roubou a bênção de Esaú. Jacó tinha um comportamento reprovável. Ele enganou, mentiu, traiu. Mas a despeito de quem Jacó era, Deus o amou e continuou investindo em sua vida.

Do mesmo modo é o amor de Deus por nós. Temos continuamente pecado contra o Senhor, mas ele continua nos amando e investindo em nós. Não há nada que possamos fazer para Deus nos amar mais nem nada que possamos fazer para Deus nos amar menos. O amor de Deus é eterno, imutável e incondicional. Não merecemos o seu amor. A grande prova de seu amor está no fato de ter Cristo morrido por nós, sendo nós ainda pecadores.

Deus revelou-se a Jacó a despeito de sua crise existencial (Gênesis 28:10-17)

Jacó estava em crise. Ele mentira para o pai em nome de Deus; tomara os destinos da sua vida em suas mãos, duvidando do propósito do Senhor; enganara a seu irmão Esaú. Para salvar sua vida, precisou fugir. Deus, então, toma a iniciativa e revela-se a Jacó em Betel. Deus era o Deus de Abraão e Isaque, mas ainda não era o Deus de Jacó. Deus fez promessas a Jacó, a despeito de Jacó ainda não conhecê-lo pessoalmente. Deus promete estar com ele, guardá-lo, ampará-lo. Jacó tem uma experiência profunda em Betel, que significa a Casa de Deus, mas ainda não se encontrara com Deus.

Talvez você já tenha tido grandes experiências do poder de Deus e tenha vivenciado experiências tremendas na casa de Deus. Quem sabe você já tenha até ouvido sobre as promessas de Deus. Mas você já teve um encontro transformador com o Senhor? Talvez Deus seja apenas o Deus de seus pais, mas ainda não é o Deus da sua vida. Talvez você também esteja fugindo de sua família e até tentando driblar a própria consciência, abafando a voz da culpa que grita no profundo de sua alma. Saiba, é no meio desse turbilhão que a voz de Deus ecoa

[14]   Oito homens que influenciaram o mundo

em seu coração. Deus ama você mesmo nessa tempestade existencial que se encontra em sua alma.

Deus abençoou Jacó a despeito dele ainda não ser salvo (Gênesis 28:10-17)

Deus abençoou Jacó dando-lhe companhia, proteção e prosperidade. Deus fez de Jacó um homem próspero, dando-lhe uma grande família e muitos bens. Deus estava cercando a vida de Jacó com bênçãos especiais. Mas Jacó ainda não estava salvo. Da mesma forma, Deus tem nos abençoado, guardado e dado o pão de cada dia. Ele tem nos dado a família, saúde, bens e coração alegre (Atos 14:17). A graça comum de Deus estende-se a todos os filhos dos homens. Ele manda a sua chuva sobre os maus e os bons. Ele tem enchido a terra de fartura. Por meio dele, vivemos, nos movemos e existimos. Mas a grande questão é: você já está salvo? Você já teve um encontro profundo com Deus? Já se rendeu aos seus pés? Já recebeu dele um novo nome, um novo coração e uma nova vida?

DEUS CONFRONTA A JACÓ NA HORA DE SUA MAIOR ANGÚSTIA

A tempestade existencial, a crise instalada na alma de Jacó talvez motivasse vários sentimentos de autopiedade, autocomiseração. Tudo o que Jacó queria era um lugar para fugir da própria consciência. Mas não era essa a estratégia de Deus. Vejamos alguns fatos interessantes nesse momento da vida de Jacó:

Jacó mentiu para o pai, enganou o irmão, mas não conseguiu apagar as chamas de sua própria consciência culpada (Gênesis 32:10,11)

Os anos não conseguiram apagar o drama existencial vivido por Jacó. A sua crise com Esaú ainda estava acesa no seu coração. Depois de mais de vinte anos, ele precisava encontrar-se com Esaú. O medo lhe veio ao coração. A culpa o assolava. Ele viveu fugindo e agora precisava enfrentar a situação. Ele precisava olhar no espelho da própria alma e contemplar de fato quem ele era: um suplantador.

Alguns pensam que o tempo seja um remédio eficaz para curar as feridas da alma. Mas esse é um ledo engano. Após todos aqueles anos, a culpa ainda latejava no coração de Jacó.

A mesma culpa dominaria, anos mais tarde, a seus filhos, que por inveja, venderiam a José, irmão deles, como escravo para o Egito. Vinte e dois anos depois, eles precisaram ir ao Egito comprar alimento. José era o governador do Egito. Ao serem testados por José, deixaram vazar a culpa que ainda os atormentava depois de tanto tempo.

O pecado é maligníssimo. Ele leva você a lugares onde você não quer estar, retém você por mais tempo do que você gostaria de ficar e custa-lhe um preço mais caro do que você está disposto a pagar.

Deus toma a iniciativa da luta com Jacó (Gênesis 32:24)

Quando Jacó ficou a sós no vau de Jaboque, Deus veio lutar com ele. Deus queria transformar Jacó e não abriria mão da vida de Jacó, por isso tomou a iniciativa e começou a luta. O encontro de Jacó com Deus não poderia ser adiado. Ter as bênçãos de Deus não era suficiente. Jacó precisava ter uma experiência pessoal e profunda com o próprio Deus.

(16) Oito homens que influenciaram o mundo

Da mesma forma, Deus não desiste de você. Hoje, você precisará atravessar o seu Jaboque. Deus está no seu encalço. Ele não abre mão de sua vida. Ele ama você. Ele tem investido em você, tem abençoado a sua vida. Porém, agora, ele quer o seu coração. Se preciso for, ele lutará com você para conquistar o seu coração porque Deus não abre mão do direito de ter você. A nossa salvação é sempre iniciativa de Deus. Tudo provém de Deus que nos reconciliou consigo mesmo por meio de Jesus (2Coríntios 5:18). Jamais buscaríamos a Deus por nós mesmos. Jamais amaríamos a Deus por nossa própria iniciativa. É Deus quem quebra as resistências do nosso coração. É ele quem tira de nós o coração de pedra e nos dá um coração de carne. É ele quem ferroa a nossa consciência e nos subjuga com seu irresistível amor.

Deus não desistiu de Jacó, mesmo quando este se recusou a ceder (Gênesis 32:24,25)

Jacó lutou a noite toda. Ele não queria ceder. Ele não queria entregar os pontos. Ele mediu força com força, poder com poder, destreza com destreza. Jacó era caso difícil, um coração duro, um homem difícil de se converter. Mas Deus não abandonou Jacó. O mesmo Deus que vinha abençoando a Jacó por toda a vida agora luta com ele por toda a noite. Deus tem lutado com você também. Deus tem colocado intercessores em seu caminho, colocado pregadores diante de você. Você tem escutado muitas vezes a voz de Deus. Não endureça mais o seu coração.

Deus feriu a Jacó, a fim de não perdê-lo para sempre (Gênesis 32:25)

Deus deixou Jacó aleijado para evitar que Jacó fosse condenado por toda a eternidade. Deus foi às últimas consequências para salvar a Jacó. Deus empregou um método radical. A vocação, o chamado de Deus é irresistível. Deus empregará todos os meios para salvar você. Se preciso for, ele tocará em seu corpo, em seus bens, para que você se quebrante, para que você se humilhe. A voz de Deus é tremenda. Ela despede chamas de fogo. Ela faz tremer o deserto. Ela despedaça os cedros do Líbano, ela quebra as nossas resistências.

Deus, às vezes, usa uma enfermidade, um acidente, uma perda significativa. Deus, porém, jamais desiste de salvar aqueles a quem ele escolheu desde a eternidade. O plano de Deus é eterno, imutável e vitorioso. Seus decretos jamais podem ser frustrados. Todos que foram eleitos para a salvação na eternidade; todos aqueles por quem Cristo morreu na cruz, em uma morte substitutiva; todos aqueles a quem Deus justificou pelo sangue de Cristo são chamados e chamados eficazmente.

DEUS SALVA A JACÓ QUANDO ELE SE HUMILHA (GÊNESIS 32:26)

Jacó se agarra a Deus e diz: "Eu não te deixarei ir se tu não me abençoares". Ele tem dinheiro, família, o direito de primogenitura, mas agora ele quer Deus. Sua maior necessidade é de Deus. Jacó sem Deus é nada. Sem a bênção de Deus, ele é vazio.

Jacó agora tem pressa para ser transformado por Deus. Ele ora com intensidade. Ele ora com senso de urgência. Ele não pode perder a oportunidade. Ele anseia por Deus mais do que outra coisa na vida. A conversão de Jacó tem quatro fatos dignos de destaque:

Jacó chora diante de Deus buscando a transformação de sua vida (Oseias 12:4)

Jacó agora tem o coração quebrantado. Ele se agarra a Deus com senso de urgência e com os olhos molhados de

(18) Oito homens que influenciaram o mundo

lágrimas. Jacó se quebranta, se humilha, chora e reconhece que não pode mais viver sem um encontro profundo e transformador com Deus. Como Pedro, Jacó chora o choro do arrependimento. Ele instou com Deus em lágrimas. Ele pediu a bênção de Deus com prantos. Seus olhos estão molhados e sua alma ajoelhada diante do Senhor. E por que Jacó chora? O que ele pede com tanta urgência e com tanta sofreguidão? Ele não pede coisas. Ele pede que Deus mude a sua vida. Ele quer a Deus e quer uma vida nova.

Jacó confessa o seu pecado e toca no ponto nevrálgico da sua vida (Gênesis 32:27)

Quando Deus lhe perguntou: "Qual é o teu nome?", ele respondeu: "Jacó". Aquela não foi simplesmente uma resposta, mas uma confissão sincera. Jacó não podia ser transformado sem antes reconhecer quem era. Ele não podia ser convertido de um usurpador em um príncipe sem antes sentir-se convencido do pecado. Ele não podia ser uma nova criatura sem antes reconhecer que era um enganador, um suplantador.

A história de Jacó é crivada de engano e mentira. Ele vinha de uma família de crentes, mas ainda não era salvo. Jacó era descendente de Abraão, era um dos patriarcas. Ele conhecia a aliança de Deus. Ele tinha as promessas de Deus, mas não vivia como um filho de Deus. O engano era a marca de sua vida. Seu nome denunciava a sinuosidade do seu caráter. Seu nome era um *outdoor* da sua conduta repreensível. Porém, agora, ele abre o coração. Ele admite o seu pecado. Ele toca no ponto de tensão, no nervo exposto de sua alma.

E você, que está lendo este livro? Qual é o seu nome? Quem é você? É hora de você depor suas armas. É hora de você deixar de resistir ao amor de Deus. É hora de você confessar não apenas o que você faz, mas quem você é, a fim de que você também seja salvo!

Jacó prevalece com Deus, vê a Deus face a face e sua vida é salva (Gênesis 32:30)

Até este tremendo encontro, Deus era apenas o Deus de seu avô Abraão e de seu pai Isaque. Mas agora passaria a ser conhecido como o Deus de Jacó, o Deus de Israel. Jacó tem os olhos da alma abertos. Ele vê a Deus face a face. Jacó tem seus pecados perdoados, sua alma liberta, seu coração transformado, sua vida salva. Tudo se fez novo na vida de Jacó.

Hoje, você também pode ver a Deus face a face. Você pode ter o seu Peniel lendo as páginas deste livro. Hoje, essa leitura pode ser o seu vau de Jaboque. Deus está bem aí pertinho de você, enquanto você lê este livro. Ele é poderoso para mudar sua vida, para transformar o seu coração e lhe dar a vida eterna.

Jacó depois de salvo tem um novo futuro: luz e reconciliação (Gênesis 32:31; 33:4)

Depois de ter vivido uma vida inteira de trevas, o sol nasceu para Jacó. A luz brilhou no caminho de Jacó. As trevas ficaram para trás. Tudo se fez novo em sua vida: um novo coração, uma nova mente, uma nova vida. Ele saiu manquejando, mas sua alma estava livre! Esaú deve ter lhe perguntado: "Por que você está manquejando, Jacó?" E ele deve ter respondido: "Ah!, meu irmão, Deus me salvou. Hoje eu sou um novo homem, tenho uma nova vida! Aquele velho Jacó morreu e foi sepultado no vau de Jaboque. Agora sou uma nova criatura. O sol nasceu para mim!" Deus transformou o ódio de Esaú em amor; o medo de Jacó em alegria. E aquele encontro temido, que prenunciava uma briga, uma contenda, uma guerra, transformou-se numa cena de choro, abraços, beijos e reconciliação.

Deus transforma a nossa vida completamente. Ele nos reconcilia com os nossos inimigos. Ele alivia o nosso coração da culpa e do medo. Você está atravessando também o seu vau de Jaboque. Como você vai atravessar esse rio? Fugindo? Resistindo ao amor de Deus? Não prossiga mais nesse caminho. Pare de fugir. Fique a sós no seu vau de Jaboque. Deus tem um encontro marcado com você aí onde você está. Ele convida você a render-se a ele. Agarre-se ao Senhor, pedindo a ele, em lágrimas, que transforme a sua vida. Deus não desiste de amar você. Ele está no seu encalço. É melhor que você não demore, pois pode ser que você ainda termine manco.

(Capítulo 2)

O feitiço se volta contra o feiticeiro

A História está eivada de homens maus. Os anais da História estão repletos de homens que deixaram um rastro sombrio na nossa lembrança: Homens facínoras, assassinos, feiticeiros, monstros bestiais, pervertidos celerados e déspotas sanguinários. Os arquivos da História foram manchados por homens incendiários como Nero, traidores como Judas, perversos como Adolf Hitler, truculentos como Mao Tsé Tung.

Mas talvez nenhum desses homens tenha excedido em perversidade a Manassés, o 13º rei de Judá, cujo reinado se estendeu em Jerusalém por 55 anos, de 697 a 642 a.C. Seu nome significa "Aquele que esquece", e ele se esqueceu de Deus. Sua história está registrada em 2Crônicas 33.

Poderia a graça de Deus alcançar aqueles que descem às profundezas da degradação? Normalmente, achamos que há pessoas irrecuperáveis. Pensamos haver pecadores que estão fora do alcance da graça. A história de Manassés, porém, nos mostra que não há poço tão fundo que a graça de Deus não vá ainda mais profundo. A graça é maior do que o pecado e, onde abundou o pecado, superabunda a graça.

OS PRIVILÉGIOS DE MANASSÉS

Manassés foi um rei dotado de inúmeros privilégios. Ele aglutinava fatores que dariam a ele a possibilidade de ser um grande rei, capaz de fazer muito por seu povo. Infelizmente, ele esbanjou as oportunidades. Ele desperdiçou todas as coisas boas que Deus estava lhe dando desde cedo na vida. Quero destacar

(22)   Oito homens que influenciaram o mundo

alguns pontos acerca dos privilégios desperdiçados por esse rei, que acabou por se entregar ao crime e à barbárie.

Manassés era filho de um pai piedoso

Seu pai era Ezequias, um dos reis mais piedosos de Judá, que andou com Deus e fez o que era reto perante o Senhor. Manassés cresceu bebendo o leite da verdade e sugando o néctar da piedade. Ele cresceu num lar onde Deus era conhecido e amado. Mas a piedade dos pais não é garantia de que os filhos seguirão o mesmo caminho. Manassés tinha ainda um modelo a seguir dentro de casa. Seu pai promoveu uma grande reforma espiritual em Judá depois do desastrado reinado de Acaz. Ele limpou a casa de Deus. É lamentável que Manassés tenha vivido na contramão da educação recebida. Da mesma forma, é desastroso que ainda hoje muitos filhos escarneçam da educação espiritual recebida dos pais e se embrenhem na escuridão mais espessa da impiedade e da perversão.

Manassés assumiu o trono ainda jovem (2Crônicas 33:1)

Manassés nasceu em berço de ouro e assumiu o trono de Jerusalém com apenas 12 anos de idade. Ele tinha a vida toda para servir a Deus. Poderia ter consagrado o melhor do seu tempo, da sua vida, dos seus talentos e da sua riqueza a Deus. Poucas pessoas no mundo tiveram tantas chances e tantas oportunidades de viver uma vida plena, maiúscula e superlativa.

Há muitas pessoas que ainda hoje jogam todas as benevolências de Deus no monturo. Em vez de viver com gratidão, escarnecem da bondade de Deus.

Manassés teve o reinado mais longo de Judá (2Crônicas 33:1)

Ele teve muito tempo para andar com Deus, fazer o que era certo e arrepender-se dos seus pecados. Ele governou 55 anos em Jerusalém, e, nesse tempo, fez o que era mau perante o Senhor. Ele entupiu Jerusalém e a Casa de Deus de ídolos e se prostrou em altares de estranhos deuses, provocando a ira do Senhor. Nenhum rei ficou tanto tempo no trono em Israel ou Judá. Enquanto a providência comum de Deus mais o beneficiou, mais ele escarneceu dessa benevolência. Usou seu tempo para destruir e não para edificar. Usou seu governo para oprimir e não para socorrer. Aproveitou as oportunidades para ser um agente de morte e não um instrumento de vida.

Manassés teve a advertência de Deus (2Crônicas 33:10)

Deus não o deixou errar sem advertência. Deus o alertou, o corrigiu. Enviou-lhe profetas, mas ele não quis ouvir a voz de Deus. Fechou o coração. Endureceu a cerviz. Tapou os ouvidos à palavra e à voz da consciência.

OS PECADOS DE MANASSÉS

A lista de pecados de Manassés é inumerável. Contrariando os preceitos do Senhor e a educação que recebeu de sua família, o jovem rei embrenhou em um lamaçal de pecados e iniquidades. Entretanto, chamo sua atenção para quatro gravíssimos pecados cometidos por esse perverso rei.

Manassés liderou o povo a pecar contra Deus (2Crônicas 33:2,9)

Manassés foi um líder mau que usou sua influência para desviar as pessoas de Deus, levando sua nação a fazer coisas piores do que as nações pagãs (2Crônicas 33:9). Ele tornou a edificar os altos, liderando o povo na adoração a Baal. Ele se prostrou diante de todo o exército dos céus (2Crônicas 33:3) e adorava as estrelas. Tornou-se um viciado em astrologia, um

(24) Oito homens que influenciaram o mundo

místico inveterado, um apóstata, um náufrago na fé. O agravante nesses pecados de Manassés é que seu pai havia feito uma faxina espiritual na nação, condenando a prática da idolatria. Manassés não pecou por ignorância, mas pecou tendo o conhecimento da verdade. Seu pecado transformou-se em rebelião. Ele se insurgiu contra Deus e o fez com insolência.

Manassés profanou a casa de Deus (2Crônicas 33:4,5,7)

Ele fez pior que Acaz, que fechou a casa de Deus. Ele introduziu ídolos abomináveis dentro da casa de Deus, profanando-a, insultando a santidade de Deus e pervertendo o culto. Deus zela por seu nome e por sua casa. Ninguém pode perverter o culto divino sem sofrer trágicas consequências. No passado, Nadabe e Abiú foram mortos por trazer fogo estranho diante de Deus. Ainda hoje a ira de Deus se revela contra toda impiedade e perversão dos homens que detêm a verdade pela mentira e induzem o povo à prática da idolatria.

Manassés se tornou um feiticeiro inveterado (2Crônicas 33:6)

A feitiçaria de Manassés chegou a ponto de ele sacrificar os próprios filhos a Moloque. Ele era adivinho e agoureiro, praticava feitiçaria e consultava, os necromantes. Manassés consultava os mortos. Ele deliberadamente provocava o Senhor à ira. Há muitas pessoas mergulhadas até o pescoço em feitiçaria, espiritismo, astrologia, consulta aos mortos e misticismo pagão. A necromancia, ou seja, a consulta aos mortos, é uma prática abominável para Deus. A Bíblia diz que Saul morreu porque consultou uma necromante.

Muitos desta pátria correm atrás de guias, orixás e recebem mensagens supostamente do além, vivendo prisioneiros desse misticismo pagão. Pessoas aflitas correm para os terreiros de

Umbanda na ânsia de ouvir uma mensagem de um ente querido morto. Muitos políticos não tomam nenhuma decisão sem antes consultar os espíritos que se manifestam nessas cerimônias mediúnicas. O Brasil é considerado o maior país espírita do mundo. Nosso povo anda prisioneiro da feitiçaria. Essa prática está em total desacordo com o ensino da Palavra de Deus.

Manassés derramou muito sangue inocente (2Reis 21:16)

Ele matou os próprios filhos e os de outras pessoas. Ele mandou serrar ao meio o profeta Isaías. Flávio Josefo, importante historiador judeu do século primeiro d.c, diz que todos os dias se sacrificavam pessoas em Jerusalém a mando de dele. Ele era um mau, violento, truculento, assassino e sanguinário. À semelhança de outros ditadores sanguinários da História, Manassés usou a força e o poder para oprimir e matar. Ele foi um agente do mal. A maldade do seu coração transformou-se na violência de suas mãos. Em vez de promover o bem e coibir o mal, papel de um bom governante, ele coibiu o bem e promoveu o mal.

O JUÍZO DE DEUS SOBRE MANASSÉS

O pecado desenfreado de Manassés provoca a ira de Deus e atrai seu juízo. Manassés tanto afrontou a Deus, tantos pecados e blasfêmias cometeu, que o juízo de Deus se abateu sobre o perverso rei de Judá. Vejamos três acontecimentos que lhe sobrevieram como resultado do juízo divino.

A prisão de Manassés (2Crônicas 33:11)

Quem não escuta a voz da palavra, escuta a voz da chibata. Quem não atende a voz do amor, é arrastado pela dor. O rei da Assíria invade Judá, toma o palácio real, prende Manassés com

(26) Oito homens que influenciaram o mundo

ganchos, amarra-o e o leva cativo para a Babilônia. Manassés perde o trono, o poder, a liberdade e a honra. Ele é tratado como um bicho, preso numa gaiola. Ele cai vertiginosamente. Sua glória cobre-se de cinzas. Sua pretensa luz transforma-se em trevas espessas. Seu poder desfaz-se como uma bolha de sabão.

O rei agora está nu e encarcerado, despojado de glória e entregue ao opróbrio. O Diabo, inimigo de nossa alma, é um estelionatário, e o pecado, uma fraude. O Diabo promete liberdade, e escraviza; promete vida, e mata. O pecado, com seu *glamour*, parece belo e delicioso ao paladar, mas, ao fim, é amargo ao estômago e absolutamente mortífero. Seu salário é a morte.

A humilhação de Manassés (2Crônicas 33:11,12)

Manassés desceu ao fundo do poço. Ele é arrancado do trono e deportado de Jerusalém. É levado como um bicho – com uma canga no pescoço e anzóis na boca – e jogado numa prisão. Ele é levado à Babilônia, o centro da feitiçaria do mundo. Os ídolos da Babilônia que ele adorava não puderam livrá-lo. Ele se torna prisioneiro dos próprios ídolos que adorava. Assim, o feitiço se volta contra o feiticeiro. Deus o entrega àquilo que ele buscava. Manassés bebe o refluxo do seu próprio fluxo maldito. Sua desobediência o empurrou para o abismo.

O prazer do pecado tem duração curta. O pecado levará você mais longe do que você desejará ir, custará mais caro do que você gostará de pagar e o reterá por mais tempo do que você pretende ficar. O pecado, que parecia tão atraente aos olhos, mostra a sua carranca. Aquilo que parecia saboroso não passa de veneno mortal. Aquilo que parecia levar você ao cume do sucesso o arrastará para o vale dos leprosos, para o abismo da mais repugnante humilhação.

O feitiço se volta contra o feiticeiro   (27)

A angústia de Manassés (2Crônicas 33:12)

A angústia encurralou a alma de Manassés. O rei fica preso física e espiritualmente. A masmorra do pecado que o enjaula também oprime seu espírito, destrói a alma, atormenta a mente e sucateia o corpo. O pecado não compensa. Quem zomba do pecado é louco. O homem será apanhado pelas cordas do seu pecado. Manassés está algemado, angustiado. Quem não escuta a voz de Deus escutará inevitavelmente a vara.

A alegria aparente do pecado converte-se em choro amargo. A celebração das festas desemboca em gemidos pungentes. As festas cheias de *glamour* se cobrem de cinzas. As noites badaladas de prazer transformam-se em madrugadas insones de choro. Os que se entregam ao pecado bebem a largos sorvos a escória de seus desejos. O filho pródigo ao sacudir o jugo de seu pai e sair de casa para um país distante, depois de gastar todos os seus bens vivendo dissolutamente, foi parar numa pocilga. Entregue à sua desventura, passou fome e sofreu doloroso abandono. Sua alma foi encurralada pela angústia. Seu coração esmagado pela dor. Ele, assim como Manassés, bebeu o refluxo do próprio fluxo de seu pecado.

A CONVERSÃO DE MANASSÉS

Como dissemos inicialmente, para muitos, Manassés seria caso encerrado, apenas um homem perverso preso às consequências de sua vida pecaminosa. Todavia, Deus consegue amar até mesmo o mais desprezível, pervertido e rebelde pecador. Assim, Deus dá a Manassés a derradeira oportunidade de arrependimento e transformação. Manassés, por sua vez, entrega-se finalmente, arrepende-se e é transformado de feiticeiro em um homem restaurado por Deus. Quero que você entenda cinco fatos importantes a respeito da conversão de Manassés.

A infinita graça de Deus (2Crônicas 33:13)

Quando lemos essa história, temos vontade de dizer: "Bem feito! Ele deve pagar por suas atrocidades". Mas ele clama a Deus, e o Senhor o salva. Deus é rico em perdoar. Ele tem prazer na misericórdia. Não há causa perdida para ele. Deus mandou Manassés para a prisão para não mandá-lo para o inferno.

Deus permite, ou mesmo envia, um acidente, uma doença, uma tragédia familiar para livrar sua alma do fogo eterno. Ele está pronto a mover o céu e a terra para que você não pereça. A graça de Deus é maior que o nosso pecado. Ele, em sua misericórdia infinita, não abre mão daqueles a quem ele ama desde a eternidade. Como já disse no capítulo anterior, o amor de Deus não está fundamentado nos nossos méritos; antes existe apesar de nosso demérito. A causa do amor de Deus está em si mesmo e não em qualquer virtude que haja em nós. Manassés merecia a condenação e Deus abriu-lhe a porta da salvação.

Manassés se humilhou (2Crônicas 33:12)

A conversão começa com o arrependimento, com a tristeza pelo pecado, com a consciência de que temos feito o que é mau perante o Senhor. Manassés se humilhou perante Deus. Ele caiu em si, reconhecendo seu erro. Ele não se justificou, nem endureceu o coração. Ele finalmente se curvou sob a poderosa mão de Deus, se humilhou e se arrependeu. Os altivos não podem entrar no reino dos céus. Só aqueles que se humilham serão exaltados. Ninguém pode estar diante daquele que é santo, sem clamar: "Ai de mim, estou perdido".

A oração de Manassés (2Crônicas 33:12)

Manassés vivera toda a sua vida invocando os mortos, adorando os ídolos, levantando altares aos deuses pagãos. Porém, agora, na hora do aperto, ele ora ao Deus do céu e este atende ao seu clamor. Clame você também por Deus. Grite por socorro. Levante a sua voz. Ainda há esperança para a sua alma. Quando todos os seus recursos acabarem, ainda assim Deus poderá lhe estender a mão. Ainda que você tenha caído no fundo do poço, tenha chegado ao fim da linha, Deus poderá ouvir sua voz e arrancar você das entranhas do abismo.

A salvação de Manassés (2Crônicas 33:13)

Quando Manassés voltou-se para Deus, este voltou-se para ele. Restaurou sua vida, seu reino, sua alma. Manassés, então, reconheceu que só o Senhor é Deus. E Deus o aceitou, o restaurou, o levantou e restituiu o seu reino.

As provas do arrependimento de Manassés (2Crônicas 33:13-16)

Vejamos as principais evidências do real arrependimento do rei Manassés:

Aceitação (2Crônicas 33:13)

Os ouvidos de Deus estão abertos, suas mãos estão estendidas para você. O Pai está pronto a receber o pródigo de volta e fazer uma festa. Não importa quão longe você tenha ido nem quão dolorosa ou vergonhosa tenha sido a sua queda, Deus está pronto a perdoar e aceitá-lo de volta para ele. A graça de Deus é maior do que seu pecado.

Iluminação (2Crônicas 33:13)

"Então, reconheceu Manassés que o Senhor era Deus." Deus pode abrir os olhos da sua alma neste momento, pode abrir seu coração para crer, tirar a cortina dos seus olhos, dar a você entendimento espiritual e revelar a você a glória do seu

[30] Oito homens que influenciaram o mundo

filho Jesus Cristo. O Diabo cegou o entendimento dos incrédulos, mas Deus traz luz onde reinava as trevas. Deus arranca o espesso véu da incredulidade. Deus traz entendimento espiritual onde predominava a cegueira espiritual.

Reforma (2Crônicas 33:15)

Manassés fez uma faxina na casa de Deus e na sua vida. Ele tirou toda a abominação que ele mesmo tinha colocado na casa de Deus. Arrependimento implica em mudança. A conversão toca o ponto nevrálgico da vida. O general Naamã dispôs-se a romper com seus deuses para adorar unicamente ao Senhor. O larápio Zaqueu resolveu dar a metade dos bens aos pobres e restituir quatro vezes mais àqueles a quem havia surrupiado. Onde não há reforma, não há evidência de genuína conversão.

Consagração (2Crônicas 33:16)

Manassés não apenas tirou o que estava errado, mas restaurou o altar do Senhor. Ele começou a buscar a Deus novamente. Ele se voltou para Deus de todo o seu coração. Ele se converteu a Deus e passou a consagrar-se a ele, liderando a nação a voltar-se para o Senhor. Não basta dar as costas ao pecado; é preciso voltar a face para Deus. Não basta deixar de fazer o que é errado, é preciso fazer o que é certo.

Quero concluir este capítulo trazendo alguns pontos práticos para sua reflexão.

A piedade dos pais não é garantia de que os filhos vão andar com Deus. Manassés tinha um pai piedoso, mas Manassés jogou esse legado no lixo e andou na contramão da instrução que recebeu na infância e do exemplo que viu dentro da própria casa.

A vida longa não é segurança do favor de Deus. Manassés teve o mais longo reinado em Jerusalém. Foram 55 anos de oportunidades perdidas. Foram muitos anos de rebeldia e desobediência. Nem sempre a longevidade é sinal do agrado de Deus. Nem sempre um governo que se perpetua no poder está fazendo o que é reto diante de Deus e dos homens. *Por fim, não há grau de impiedade que esteja além do alcance da graça de Deus e do perdão de Deus.* Não espere uma tragédia em sua vida para voltar-se para Deus. Manassés tapou os ouvidos da consciência às trombetas de Deus. Ele endureceu seu coração e caminhou celeremente na direção do abismo. Só após acontecer uma tragédia em sua vida, Manassés foi quebrantado.

O pecado é algo que Deus abomina e que jamais ficará sem julgamento. O pecado é maliníssimo. Ele é pior que a doença, que a solidão, que a pobreza e até mesmo pior que a morte. Todos esses males não podem afastar você de Deus. Todavia, o pecado pode e, se não houver arrependimento, banirá você para sempre da presença daquele que é a verdadeira vida.

Hoje é o dia de você voltar-se para Deus de todo o seu coração. A salvação não pode ser adiada. Amanhã seu coração pode estar endurecido. Amanhã a oportunidade divina pode não bater mais à sua porta. Amanhã poderá ser tarde demais. Hoje é o dia. Agora é o momento de você voltar-se para Deus. O inferno está no final de toda vida sem Cristo. Não há salvação fora do nome de Jesus. Não há outro escape para sua alma. Não há outro caminho para Deus. Não há outra porta para o céu.

Termino este capítulo deixando um desafio: Se você voltar-se para Deus agora mesmo, ele ouvirá seu clamor e restaurará a sua alma, dando-lhe a salvação.

(Capítulo 3)

O herói que sofria de lepra

Houve na Síria, nos dias em que Eliseu era profeta em Israel, um destemido comandante do exército sírio. Naamã, este comandante, era homem valente, poderoso e amado pelo povo. Na sua farda, reluziam muitas medalhas de honra. Em seu currículo, muitas vitórias esplêndidas. Ele era um homem de proa em sua nação. Era um líder de vanguarda, um herói nacional, um monumento vivo entre sua gente.

Todavia, esse herói nacional trazia debaixo de sua túnica uma terrível dor: a lepra o consumia pouco a pouco. Imagine a dor, a revolta e a vergonha desse homem afamado em todo o oriente, vendo seu corpo ser a cada dia mais tomado por aquela terrível e, para a época, incurável doença.

O PRESTÍGIO DE NAAMÃ

Antes de falarmos da transformação na vida de Naamã, precisamos conhecer um pouco mais algumas verdades a seu respeito.

Naamã era um homem de projeção

Ele era comandante de *Ban-Hadade*, rei de Damasco, capital da Síria. Era o ministro da guerra, homem corajoso, forte guerreiro, famoso. Naamã era um homem afamado, porém leproso. Ele tinha grande prestígio político, mas era espiritualmente cego. Ele era leproso e, ainda assim, orgulhoso. Sua projeção social não pôde remover a lepra. Suas glórias humanas não puderam atenuar sua dor, cobrir sua vergonha nem remover seu opróbrio.

O herói que sofria de lepra (33)

Naamã era um homem honrado (2Reis 5:1)

Sua honra pode ser vista sob três ângulos distintos:

Honra militar

"Naamã, comandante do exército do rei da Síria [...] era ele herói da guerra." Naamã era comandante e chefe das forças armadas da Síria. Ele era um herói nacional. Sua farda estava cheia de condecorações. Seu nome ocupava as manchetes dos jornais de Damasco. Ele era o grande ídolo da nação. Era aplaudido nas praças. Seu nome era tema de canções populares. Estava no auge da fama e da glória. Havia atingido o mais alto grau na carreira militar. Ele era o máximo e estava no ponto culminante de uma carreira de sucesso.

Honra política

"Era grande homem diante do seu senhor." Mais que ocupar o primeiro escalão do governo, Naamã era o braço direito do rei. Era reconhecidamente o homem de maior prestígio no palácio, o homem forte da Síria, responsável pelas vitórias militares e a estrela mais brilhante de seu país. É digno de nota que sua honrada e subida posição política não puderam lhe socorrer. Havia lepra em sua carne, orgulho em seu coração e cegueira espiritual em seus olhos.

Honra popular

"E de muito conceito." Naamã era um homem admirado, amado, aplaudido, de sucesso e gozava de total aprovação popular. O povo o tinha em alta conta. Ele era um homem vitorioso. Seu caminho era pontilhado de sucesso. O próprio Deus, a quem ele não conhecia, o abençoava em suas esplêndidas

[34] Oito homens que influenciaram o mundo

vitórias. Ser um herói popular não traz paz para a alma nem preenche o vazio do coração. Há muitos políticos de projeção, muitos esportistas famosos, muitos artistas que sobem os mais altos degraus da fama e que, ao mesmo tempo, vivem atolados num pântano de desespero. O sucesso, o dinheiro e o prazer não satisfazem. Há um vazio na alma humana, vazio esse com o formato de Deus e que só ele pode preencher.

Naamã era um homem abençoado (2Reis 5:1)

"[...] porque por ele o Senhor dera vitória à Síria". Naamã era um idólatra, mas Deus já o abençoava. Suas conquistas militares eram obra da providência divina. Deus já estava trabalhando na vida desse homem ainda que o comandante não o soubesse. A graça comum de Deus atinge a todos indistintamente. Ele manda seu sol e sua chuva também sobre os ímpios. Mesmo aqueles que vivem em aberta rebelião contra ele são objetos do seu cuidado. Toda boa dádiva procede lá do alto, do pai das luzes. Em Deus, nós nos movemos e existimos. Vejamos agora a história da conversão desse grande herói de guerra.

UM GRANDE SOFRIMENTO (2REIS 5:1)

Depois de registrar sua extensa folha de glórias, o escritor sagrado pontua: "[...] porém, leproso". Naamã, mesmo vitorioso e afamado, era um homem de dores e sofrimentos. Vejamos quais tipos de sofrimento Naamã enfrentou:

O sofrimento da doença (2Reis 5:1)

Naamã tinha sucesso público, mas fracasso pessoal. Naamã era um vencedor, um herói, um grande homem em público, mas no recesso do seu lar, na intimidade, quando tirava a armadura, não passava de um leproso.

Talvez este seja o retrato de sua vida: um vencedor no trabalho, nos estudos, na empresa. Você é reconhecido fora dos portões de casa. Tem diplomas e sucesso financeiro. É alguém amado e prestigiado. Passou em todas as provas e concursos, mas carrega uma lepra dentro de você. Sua lepra não é física, é espiritual. Talvez você tenha o mundo a seus pés, mas não tem paz no coração. Talvez você seja abraçado pelos estranhos, mas não receba o calor de um beijo de seu cônjuge ou dos filhos.

A lepra apresenta cinco características:

A lepra separa

O leproso devia ser afastado da família, da sociedade e jogado numa caverna ou numa aldeia de leprosos. A lepra, naquela época, simbolizava o pecado. Da mesma forma, o pecado separa você de Deus. O pecado joga você num vale de leprosos. O pecado o afasta de Deus, do próximo e até de você mesmo. O pecado torna você uma guerra civil ambulante. O pecado faz de você uma pessoa em conflito.

A lepra insensibiliza

A lepra deixa a pessoa insensível. Assim é o pecado. Ele endurece, cauteriza, calcifica a alma. O pecado destrói a sensibilidade da alma. Aquilo que antes o fazia tremer diante de Deus, agora você já pratica à luz do sol. Aquilo que antes atormentava seu coração, agora você já incorporou à sua vida. O pecado vai paulatinamente endurecendo você e lhe tornando uma pessoa insensível à voz de Deus. No começo, você se sentia preso apenas por fiapos de linha podre, mas, agora, você se sente atado por grossas correntes.

A lepra deforma

A lepra deixa marcas e deformidades. Ela mutila e deixa cicatrizes profundas. Assim é o pecado. Ele deixa marcas profundas na mente, na alma, no corpo. Há muitas pessoas destruídas pela lepra do pecado. É o vício degradante. É a dependência humilhante. É a degradação moral que enfia em sua vida seus tentáculos mortais. É o vale dos leprosos. São as deformidades no caráter. É o ostracismo social. O pecado, assim como a lepra, deforma você e o torna uma pessoa repugnante a seus próprios olhos.

A lepra contamina

A lepra é contagiosa. O pecado também contamina. Fuja de más influências, de lugares perigosos. Andar no conselho dos ímpios, se deter no caminho dos pecadores e assentar-se à roda dos escarnecedores é entrar por um processo de decadência. Muitas pessoas estão hoje na sarjeta porque andaram com determinadas pessoas, frequentaram determinados lugares e fizeram determinadas coisas.

A lepra mata

A lepra era uma doença incurável. O pecado é uma doença mortal. O salário do pecado é a morte: morte espiritual, morte eterna. Não há paz onde o pecado reina. Não há alegria onde o pecado se estabelece. Não há vida onde o pecado domina.

O sofrimento da duplicidade (2Reis 5:1)

Naamã era um herói de guerra lá fora, mas dentro de casa era um leproso. No recesso do lar, não podia abraçar a esposa nem colocar os filhos no colo. Lá fora, um vencedor; em casa,

O herói que sofria de lepra (37)

um doente derrotado. Talvez esta seja sua situação: tem até a fama de ser um homem de Deus, de ser uma mulher de oração, de ser um jovem puro, mas, dentro de seu lar, você é outra pessoa. Usa máscara. Vive de aparência. Na igreja, mostra a cara de gente santa, mas, dentro de casa ou na rua, vive alimentando o coração de impureza. Lá fora, um herói; dentro de casa, um leproso. Lá fora, um anjo; dentro de casa, um demônio.

O sofrimento da impotência (2Reis 5:1)

Naamã estava exposto a três tipos de impotência:

A impotência da medicina (2Reis 5:7)

A medicina tem limitações. A lepra era como a própria morte, uma causa perdida. A medicina nada podia fazer para ajudar um leproso, senão lançá-lo num vale de leprosos e separá-lo de sua família e da sociedade. Só por meio de um milagre divino um leproso poderia voltar ao convívio social. Quando Naamã foi ter com o rei de Israel, pedindo que o fizesse ser curado, o rei rasgou suas roupas porque sabia que não possuía recurso algum para curar Naamã da lepra. Era uma situação humanamente irreversível.

A impotência do dinheiro (2Reis 5:5)

O dinheiro tem limitação. Ele não compra tudo. Ele pode lhe comprar remédio, mas não saúde. Pode lhe comprar uma casa nova, mas não um lar. Pode lhe dar conforto, mas não felicidade. Pode lhe oferecer um rico enterro, mas não um lugar no céu. Ele não pode comprar as coisas mais importantes da vida. Não pode lhe dar felicidade, segurança nem a vida eterna. Nem mesmo todo o dinheiro da Síria seria suficiente para

[38] Oito homens que influenciaram o mundo

curar Naamã da lepra. Assim também é com o pecado. Não há nenhum expediente humano que possa limpar você da lepra do pecado. Somente o sangue de Cristo pode limpar você de todo o pecado (1João 1:7).

A impotência da política (2Reis 5:5,7)

O poder político não resolve todos os problemas. O rei da Síria pensou que poderia resolver o problema da lepra com uma canetada. Quis tratar do problema da lepra do general Naamã de forma diplomática. A agenda de Deus, porém, não está nas mãos dos poderosos. A política pode fazer muita coisa, mas não pode trazer perdão para o pecador; não pode trazer paz para a alma atormentada; não pode oferecer ao aflito o refúgio da vida eterna.

UM GRANDE EQUÍVOCO

Naamã era um homem culto, influente e poderoso, mas sem discernimento espiritual. Ele tinha prestígio, dinheiro e influência na terra, mas nenhuma intimidade com o céu. Ele cometeu três grandes equívocos na vida.

Naamã pensou que Deus se submeteria à agenda dos poderosos (2Reis 5:5)

Naamã vai ao rei de Damasco. Este o manda com uma comitiva ao rei de Israel. Naamã pensa que as obras de Deus são resolvidas com uma canetada por aqueles que estão empoleirados no poder. Naamã tem grande prestígio político, mas é espiritualmente cego. Ele pensa que a fé é um negócio, um comércio. Ele pensa que o acesso a Deus seja uma questão de

O herói que sofria de lepra (39)

relações públicas e que a carta de um rei a outro possa interferir na agenda de Deus. Naamã pensa que a carta do seu rei ao outro rei lhe abrirá o caminho da cura. Mas Deus não se submete ao decreto dos poderosos. O rei de Israel diante da carta do rei de Damasco rasga as suas roupas. Só Deus pode curar. Só Deus pode salvar.

Naamã pensou que as bênçãos de Deus poderiam ser compradas com dinheiro (2Reis 5:5,15,16)

Naamã levou 350 quilos de prata, muito ouro e dez vestes festivais com o propósito de comprar a sua cura. Mas a graça de Deus não tem preço. A cura e a salvação não podem ser compradas com ouro ou prata. Eliseu não se impressionou com a riqueza da comitiva de Naamã. Depois que Naamã foi curado, ele não aceitou os presentes de Naamã. Salvação não é um negócio. A graça de Deus não é um produto. O evangelho não é uma mercadoria. A igreja não é uma empresa. O céu é de graça. Aqueles que comercializam a graça de Deus são filhos de Geazi e não discípulos de Eliseu. A simonia, o comércio das coisas sagradas, é uma prática condenada na Palavra de Deus.

Naamã pensou que, no reino de Deus, as glórias humanas poderiam nos colocar em posição especial (2Reis 5:9-12)

Naamã esperou que Eliseu saísse ao seu encontro com reverência, colocando tapete vermelho para ele pisar. Ele queria ser honrado. Ele estava acostumado a ser estrela. Ele não queria descer de seu pedestal. Mas Eliseu nem saiu de casa para recebê-lo, não o bajulou, apenas mandou-lhe um recado. Naamã ficou furioso por não ter sido recebido com pompas.

(40)   Oito homens que influenciaram o mundo

No entanto, Deus não faz acepção de pessoas. Ele não trata o rico com deferência, não bajula o político acostumado com os elogios amanteigados de seus correligionários e não afrouxa as exigências para aqueles acostumados aos privilégios de uma sociedade afeita à bajulação. Naamã precisava se colocar no seu devido lugar: ele era um leproso e precisava de cura. Naamã precisava descer do pedestal do seu orgulho antes de ser restaurado da sua lepra.

UM GRANDE TESTEMUNHO (2REIS 5:2,3)

Deus usa as coisas fracas para confundir as fortes. A obra maravilhosa que nenhum poder na terra poderia reverter teve seu início com o testemunho de uma jovem israelita, escrava na casa de Naamã. Duas coisas são dignas de destaque.

Uma menina escrava foi usada por Deus para salvar o homem mais poderoso da Síria (2Reis 5:2,3)

Deus ama a todos, os poderosos, os reis, os ricos, os generais, os imperadores, os que estão no trono com o cetro do poder nas mãos. Naamã adorava o deus Hinon. Ele era um homem idólatra, inimigo político de Israel. Talvez alguns pregadores de hoje dissessem para ele: "Você precisa primeiro queimar suas imagens de Hinon"; ou "Você precisa fazer uma oração de renúncia e rejeitar os pactos que você fez"; ou ainda "Você precisa quebrar a maldição hereditária e romper os laços malditos que atormentam sua família antes de ser curado". O milagre de Deus começou quando do uma menina escrava se colocou nas mãos de Deus para testemunhar. Para isso, ela venceu três barreiras:

O herói que sofria de lepra (41)

Barreira da distância

Ela estava desterrada, exilada em terra estrangeira e pagã, na casa de um idólatra, mas ali ela dá testemunho do seu Deus. Não importa onde você esteja, seja uma centelha a brilhar por Jesus. Não importa em que condição você esteja, você pode ser um instrumento nas mãos de Deus para levar os aflitos a Jesus.

Barreira da discriminação

Aquela adolescente foi arrancada à força da casa dos pais. Talvez eles tenham sido mortos ou eram escravos e ela foi levada como coisa e não como pessoa. Era apenas um objeto do patrão, uma ferramenta viva, sem direito, sem liberdade, sem vez e sem voz. Ela, porém, viu a si mesma como uma embaixadora do céu e foi o grande instrumento a quem Deus usou para a cura do grande general da Síria.

Barreira da inimizade

Naamã era símbolo da maior ameaça para o seu povo. Mas aquela escrava era diferente do profeta Jonas. Ela ama os próprios inimigos de seu povo e está pronta a abençoar a quem a humilhou. Ela pagou o mal com o bem e foi instrumento de Deus para a cura daquele que oprimira seu povo.

Os servos de Naamã foram sábios conselheiros (2Reis 5:13)

Naamã não consegue entender a simplicidade da graça de Deus. Novamente, são seus servos que o colocam de volta na estrada da cura. A ajuda de Naamã vem de fontes inesperadas: uma menina escrava; um profeta hebreu; um rio barrento e uma ordem simples. Deus usa as coisas fracas para confundir os fortes. Deus é especialista em usar vasos frágeis.

[42]   Oito homens que influenciaram o mundo

UM GRANDE MILAGRE

A cura de Naamã foi uma experiência extraordinária. Mas foi uma experiência também desconcertante para o comandante do exército sírio. Destacamos quatro grandes verdades acerca desse extraordinário milagre da cura de Naamã.

O milagre foi realizado sem espalhafato (2Reis 5:10)

Naamã queria trombetas, uma cerimônia com ritos e pompas. Para ele, era preciso haver um grande espetáculo, sua fé estava presa a rituais e lugares. Já Eliseu não faz nada, não convoca uma banda musical para recepcionar Naamã e sua comitiva, não põe tapete vermelho para ele passar, não coloca *outdoors* na cidade anunciando o dia de um grande milagre nem mesmo põe no jornal de Samaria a visita do general da Síria que seria curado de lepra. Eliseu não faz propaganda do sobrenatural, ele não toma o lugar de Deus. Eliseu não convoca a imprensa para uma coletiva a fim de dar notoriedade ao estupendo milagre. As coisas de Deus não precisam de propaganda. A obra de Deus não precisa de holofotes. Onde há muito estardalhaço, muito barulho, normalmente, não há nenhuma manifestação do poder de Deus.

O milagre foi realizado depois que Naamã desceu do pedestal do orgulho (2Reis 5:13)

Para ser curado, Naamã precisava descer de seu pedestal. Antes de curá-lo da lepra, Deus precisava curar o orgulho do general. Só os humildes possuirão o Reino de Deus. A lepra de Naamã não estava apenas em sua pele, mas também em seu coração; não só por fora, mas também por dentro;

não só na carne, mas também no espírito. Naamã precisava depositar aos pés de Deus seus títulos, diplomas, medalhas, troféus, insígnias, condecorações, suas façanhas e vitórias. A lepra apodrecia a carne de Naamã, mas não amolecia o seu coração. Por isso, ele precisava primeiro ser curado do seu orgulho.

O milagre foi realizado depois que Naamã reconheceu a feiura de seu pecado (2Reis 5:14)

Quando Eliseu mandou Naamã mergulhar no Jordão sete vezes, ele estava dizendo a Naamã que o general precisava tirar a armadura e mostrar a sua lepra para todo mundo. A lepra de Naamã atingia não apenas sua pele, mas também sua alma. Eliseu demonstrou que não podemos ser curados sem admitir publicamente nossa doença, nossa lepra. Você precisa se desnudar e tirar a máscara antes de ser purificado. Você precisa pôr um ponto final em sua vida dupla e admitir que carece desesperadamente da graça de Deus. No reino de Deus, os generais devem se humilhar e os doutores precisam se arrepender. Os poderosos precisam se curvar.

O milagre foi realizado depois que Naamã creu e obedeceu à ordem do profeta (2Reis 5:14)

Se Naamã não tivesse mergulhado sete vezes no Jordão, ele teria voltado leproso para a Síria. Não basta uma obediência parcial. Se ele tivesse mergulhado apenas seis vezes, sairia do Jordão ainda leproso. A fé obedece ao que Deus manda. Se você crer em Jesus, você será salvo. Quem crê tem a vida eterna (João 6:47).

UMA GRANDE SALVAÇÃO

Finalizando este capítulo, quero destacar três fatos sobre a salvação de Naamã.

Naamã foi completamente purificado (2Reis 5:14)

Ele sarou de sua lepra não porque a água do Jordão fosse milagrosa, mas porque se humilhou e obedeceu à Palavra de Deus. Sua carne ficou limpa e sua pele, restaurada. Quando você crê em Jesus, a sua cura também é imediata. Você pode ser limpo hoje, ser curado, liberto, perdoado. Hoje Deus pode limpar a sua carne, a sua mente, o seu coração, as suas memórias. Hoje você pode ficar livre da sua lepra. A cura de Deus é completa. O perdão de Deus é eficaz.

Naamã rendeu-se ao único Deus vivo e verdadeiro (2Reis 5:15)

Naamã desistiu de suas crenças pagãs. Ele abriu mão de suas convicções religiosas para render-se ao Deus Todo--poderoso. Não há salvação fora de Jesus. Você precisa se curvar diante do Senhor Jesus. Só há salvação e só há perdão nele. Só ele é o caminho e a porta. A crença em Deus implica renunciar à crença em outros deuses. É impossível adorar a Deus e ainda manter-se ligado aos cultos pagãos. A mistura das crenças, ou o sincretismo, está em desacordo com o ensino da Palavra de Deus. A Bíblia nos proíbe de termos outros deuses e adorá-los. Somente Deus é digno de ser adorado. Todo culto prestado a outros deuses é um culto pagão, uma abominação para o Senhor.

O herói que sofria de lepra [45]

Naamã tomou a decisão de mudar radicalmente de vida (2Reis 5:17)

Naamã tem uma experiência profunda de conversão. Sua vida é transformada. Hoje é tempo de você deixar os ídolos, o orgulho. Nunca mais Naamã pôs o pé na estrada do seu passado trevoso. Depois que encontrou a luz da verdade, rejeitou as sendas da escuridão. Depois que conheceu o Deus vivo, jamais se prostrou diante dos ídolos mortos.

Quem é verdadeiramente convertido demonstra gratidão. Naamã quis agradar a Deus, viver para o louvor de sua glória. Não compramos salvação com nossas obras, mas agradecemos a Deus por meio delas. Elas não são a causa da nossa salvação, mas sua evidência.

Quem é convertido torna-se um adorador. Naamã não mais adorou os deuses da sua nação. Depois que conheceu o Deus Todo-poderoso, não se curvou mais diante dos impotentes ídolos da sua terra.

Quem é convertido muda o ponto nevrálgico da vida. A maior lepra de Naamã era o orgulho (2Reis 5:11,12). Agora, ele revela humildade (2Reis 5:17). Seu coração não é mais uma montanha altiva, mas um vale de humildade.

Quem é convertido passa por uma mudança radical. Naamã disse: "Nunca mais". Hoje pode ser um divisor de águas também na sua vida. É hora de nascer de novo e ser nova criatura, enterrar o seu passado no Jordão de Deus e sair de lá limpo.

O sangue de Jesus pode purificar você de todo o pecado. Naamã chegou leproso e voltou curado. Naamã chegou perdido e voltou salvo, chegou idólatra e voltou adorando ao Deus vivo. Hoje, Deus quer fazer esse mesmo milagre em sua vida.

(Capítulo 4)

O rei megalomaníaco enlouquece

oucos homens foram tão renomados quanto Nabucodonosor, rei dos persas. Seu império se estendeu por praticamente todo o oriente médio. Seu domínio se estendeu por quase todo o mundo conhecido à época. Ainda hoje seus feitos, como os Jardins da Babilônia, são reconhecidos por estudiosos e historiadores. A Babilônia, capital de seu império, era a cidade mais rica e poderosa do mundo. Tinha 96 quilômetros de muros com 25 metros de largura, 25 portões de cobre. No grande templo se encontrava uma imagem do deus Marduque feita com vinte e duas toneladas e meia de ouro.

Nabucodonosor era rei de reis, um grande conquistador e construtor. A cidade estava cheia de prédios, palácios e templos. Nabucodonosor havia construído os Jardins Suspensos, obra considerada uma das sete maravilhas do mundo antigo, para a sua esposa, uma princesa da Média, que sentia falta das montanhas de sua terra natal. Ele era um homem que tinha poder, riqueza e fama. Seu reino era glorioso e extenso. Tão extenso que se tornou megalomaníaco. Nabucodonosor agora adorava a si mesmo. Ele vivia esplendidamente encantado com a própria glória. Ele era seu próprio deus e as glórias da Babilônia, sua própria recompensa.

Todavia, a graça de Deus é soberana. O chamado de Deus é irresistível. Este texto nos mostrará a luta de Deus na salvação de Nabucodonosor. Deus moverá céus e terra para levar esse soberbo rei à conversão. O livro de Daniel não apenas nos mostra a soberania de Deus na História, revelando que o seu reino domina sobre tudo e todos, mas também revela que

Deus é soberano na salvação de cada pessoa. Vejamos algumas lições tiradas dessa edificante história.

AS INICIATIVAS DE DEUS PARA ALCANÇAR UM REI MEGALOMANÍACO

No segundo ano de seu reinado, Nabucodonosor tem um sonho assustador. Deus, a partir desse sonho, para quebrantar o coração e propiciar a conversão desse obstinado rei, toma quatro iniciativas para conquistar o coração dele.

Deus coloca pessoas crentes em sua companhia

No palácio de Nabucodonosor estavam Daniel e seus três amigos Sadraque, Mesaque e Abede-Nego, levados cativos após Nabucodonosor tomar Jerusalém. Eles eram jovens crentes, fiéis e cheios da graça de Deus. Mas o convívio com pessoas crentes, por si só, não converte ninguém, ainda que sejam crentes excepcionais como aqueles quatro jovens (Daniel 1:1-21). Talvez você tenha dentro de sua casa pessoas que andam com Deus. Talvez sua esposa, seu marido, seus pais, seus filhos ou seus parentes sejam fiéis a Deus como Daniel e seus amigos eram. Porém, se essas pessoas não são suficientes para levar você ao encontro com Deus, no mínimo elas tornarão você indesculpável diante dele.

Deus mostra ao rei que só o reino de Cristo é eterno

Nabucodonosor permanece ainda pagão e está cada vez mais atribulado por causa de seu sonho. O rei está tão furioso com os sábios que não conseguem decifrar o seu sonho que manda matá-los. Só um homem sem Deus pode agir assim. Daniel falou-lhe acerca do reino de Deus que viria e que jamais seria destruído. Nabucodonosor contempla a ruína de

[48] Oito homens que influenciaram o mundo

sua religião e confessa que Deus é o Deus dos deuses (Daniel 2:47). Ele ficou impressionado, reconheceu que Deus existe, chegou a reconhecer que o Senhor é o maior de todos os deuses. Mas ele não se converteu. Logo no terceiro capítulo do livro de Daniel, Nabucodonosor esquece a confissão. Apenas o assentimento intelectual da verdade não é suficiente para você ser salvo. Você precisa também render-se a esse conhecimento.

Deus mostra para Nabucodonosor que só ele o libertaria

Agora Nabucodonosor faz uma estátua, representando a si mesmo, e ordena que todos a adorem. O rei persa perde a convicção de que Deus é o Deus dos deuses e age em direta contradição às verdades que recentemente confessara. As palavras de sua boca não alcançaram o seu coração. Hoje isso se repete. Muita gente fica impressionada, a verdade as cativa e entusiasma. Muitos ficam inquietos com o que ouvem, mas não dão lugar ao evangelho. Era essa a condição de Nabucodonosor conforme registrada no livro de Daniel, capítulo três. Ante a recusa de Sadraque, Mesaque e Abede-Nego em adorar a imagem, sua fúria de homem não convertido o leva a jogar os três jovens na fornalha acesa. Ele tem, então, o testemunho de fidelidade desses jovens. Ele vê o Filho de Deus pré-encarnado andando na fornalha. Ele mais uma vez confessa que não há Deus que liberte como o Deus daqueles jovens. Mas Deus é o Deus de Mesaque, Sadraque e Abede-Nego e não o seu Deus pessoal. Hoje, talvez, Deus seja o Deus de sua esposa, de seus pais, mas não seja ainda o seu Deus pessoal. Você sabe que Deus livra, salva, liberta, mas talvez você ainda não esteja comprometido com ele.

Deus mostra para Nabucodonosor que só o Altíssimo tem domínio sobre o reino dos homens

O texto de Daniel revela a última ação de Deus para quebrar as resistências de Nabucodonosor (Daniel 4:17,25,32). Deus o leva à loucura para converter o seu coração. Nabucodonosor é arrancado do trono, tirado do palácio, despojado de suas vestes reais para pastar com os animais do campo. Seu corpo cobre-se de orvalho e suas unhas viram cascos rudes. Ele foi humilhado até o pó para não descer até o inferno.

A REVELAÇÃO DE DEUS PARA ALCANÇAR UM REI MEGALOMANÍACO

Antes de Nabucodonosor chegar à loucura, Deus lhe dá várias oportunidades. O rei tem tempo e condições suficientes de evitar que o significado revelado de seu sonho venha a se cumprir cabalmente. Três dessas oportunidades devem ser destacadas:

O sonho perturbador (Daniel 4:10-18)

Uma árvore no meio da terra, cuja altura chegava ao céu, era vista até os confins da terra. Havia nela sustento para todos e todos os seres viventes se mantinham dela. Um santo que descia do céu deu ordens para derribá-la e afugentar os animais. Mas a cepa e as raízes deviam ser deixadas para ser molhadas pelo orvalho do céu até que passasse sobre ela sete tempos. O sonho do rei tem uma aplicação pessoal clara, daí o seu temor. A mensagem central do sonho não era enigmática (Daniel 4:17).

A interpretação corajosa (Daniel 4:19-27)

A árvore frondosa, que cresceu e tornou-se notória, grande, poderosa, esplêndida era o próprio rei (Daniel 4:22). A ordem para cortar a árvore vem do céu, como decreto do Deus

[50]   Oito homens que influenciaram o mundo

Altíssimo. O significado é que o rei será expulso de entre os homens para morar com os animais do campo como um bicho até que reconheça que o Altíssimo tem domínio sobre o reino dos homens (Daniel 4:25). Depois que o rei passar pela humilhação e quebrantamento, Deus mesmo irá restaurá-lo.

O cumprimento fiel (Daniel 4:28-33)

Tudo o que Daniel falou para o rei acontece literalmente. Nabucodonosor, em vez de se humilhar, não atendeu a mais esse alerta de Deus e, por isso, foi arrancado do trono, expulso de entre os homens para viver como um animal do campo.

A SOBERANIA DE DEUS PARA SALVAR UM REI MEGALOMANÍACO

Deus é benigno e tardio em se irar. O Senhor sempre nos dá várias e várias oportunidades para o arrependimento, para a conversão. Todavia, não podemos brincar com a misericórdia nem com o juízo de Deus. Essa era uma lição que Nabucodonosor precisava aprender. Vejamos agora quatro fatos relativos ao longo processo de conversão do rei Nabucodonosor.

A paciência generosa de Deus (Daniel 4:29)

Deus não derrama seu juízo antes de chamar ao arrependimento. Deus deu doze meses para Nabucodonosor se arrepender. Deus também tem lhe falado. Ele não quer que você pereça. Ele tem lhe dado muitas oportunidades. Noé pregou durante 120 anos. Sodoma teve o testemunho de Ló. Jerusalém, antes de ser levada cativa, ouviu o brado dos profetas que a convocava ao arrependimento. Hoje Deus está lhe dando mais uma chance. Cada dia é um dia de graça. É mais uma chance que Deus lhe dá.

A dureza do homem que rejeita ouvir a voz de Deus (Daniel 4:4,29)

A dureza do coração de Nabucodonosor tem três aspectos que merecem destaque:

Nabucodonosor parecia feliz e calmo passeando no palácio a despeito do solene aviso de Deus (Daniel 4:29)

Ah! Se você pudesse perceber o perigo em que se encontra a sua alma, você cairia com o rosto em terra. Você gritaria por socorro. Mas saiba, o inferno está com a boca aberta. Há um abismo debaixo de seus pés. Os demônios querem levá-lo à perdição. O tempo é de emergência e não de folguedo. Não demore, é tempo de urgência. Cada minuto vivido longe de Deus é um risco para sua alma. Hoje é o dia oportuno. Agora é o momento de você se reconciliar com Deus. Amanhã pode ser tarde demais.

Nabucodonosor exalta-se em vez de dar glória a Deus (Daniel 4:30)

"Eu edifiquei", "com o meu grande poder", "para a glória da minha majestade". Para Nabucodonosor, ele era a causa, o meio e a finalidade de tudo que acontecia em seu reino. Tudo girava em torno da realeza imperial. Sua soberba o enganou. A soberba precede a ruína. A autoexaltação torna o homem cego, tolo e endurecido. O homem, com toda a sua empáfia, não passa de erva. O homem veio do pó, é pó e voltará ao pó. Sua vida é como uma neblina, passa tão rápido quanto um breve pensamento.

Nabucodonosor pensava que sua prosperidade o pouparia da adversidade

A prosperidade não é garantia contra a adversidade. A Babilônia era a cidade mais rica e poderosa do mundo. Ele era um homem que tinha poder, riqueza e fama. Seu reino era

Oito homens que influenciaram o mundo

glorioso e extenso. Porém, para Deus, as nações são como um pingo, como um pó, como um vácuo, como nada. O rei cairia; a Babilônia cairia. Só o Reino de Deus é eterno.

A humilhação do homem impenitente (Daniel 4:31-33)

Uma vez que Nabucodonosor não quebranta seu coração, a humilhação do rei precisa ser provocada por Deus. Essa humilhação tem cinco características:

Ela vem do céu (Daniel 4:31)

Quando o homem não escuta a voz da graça, ouve a trombeta do juízo. Deus abriu para o rei a porta da esperança e do arrependimento. Ele não entrou, Deus o empurrou para o corredor do juízo. Deus o humilhou. O poder e a prosperidade sem o temor de Deus intoxicam a alma (Deuteronômio 18:11-18). O orgulho é algo abominável para Deus e ele resiste ao soberbo. O processo de quebrantamento do homem vem do céu.

Ela é repentina (Daniel 4:31,33)

A paciência de Deus tem limites. O cálice da ira de Deus se enche. Chega um ponto em que Deus diz: Basta! "Falava ele ainda...". Deus é paciente, mas não indulgente. Horrenda coisa é cair nas mãos do Deus vivo.

Ela é terrível (Daniel 4:32,33)

O rei ficou louco. Deus o fez descer ao fundo do poço. Deus tirou o seu entendimento. Deu-lhe o coração de um animal. Seu cabelo cresceu como as penas de uma águia. Suas unhas cresceram como as das aves de rapina. O megalomaníaco rei agora vivia como animal, comendo capim, pastando no meio dos bois. Sua doença era chamada de Insânia Zoantrópica, Licantropia

O rei megalomaníaco enlouquece (53)

ou Boantropia – todas são demências em que o doente se considera um animal, agindo como tal. Deus colocou o homem mais poderoso do mundo no meio dos bois. Deus golpeou seu orgulho para levá-lo à conversão. Ele passou a comer capim, a rolar no chão com os cascos crescidos. O todo-poderoso Nabucodonosor virou bicho e foi pastar.

Ela é irremediável (Daniel 4:32,33)

Ninguém pôde ajudá-lo, mesmo ele sendo o homem mais rico e mais poderoso da terra. A riqueza não pôde livrá-lo. Sua fama não pôde deter o braço onipotente de Deus arrancando-o do trono. As glórias da Babilônia não puderam poupá-lo da humilhação. Sua humilhação foi certa, rápida e irremediável. Quando Deus age, ninguém pode impedir a sua mão. Ninguém pode lutar contra o Todo-poderoso Deus e prevalecer.

Ela é proposital (Daniel 4:27)

A humilhação de Deus não tem por objetivo a destruição do humilhado, antes é cheia de esperança (v. 26,32); não é vingança e visa ao arrependimento (Daniel 4:27). Deus o mandou comer capim para não mandá-lo ao inferno. Esta é a eleição da graça: levar o homem ao fundo do poço e depois tirá-lo de lá. O mesmo Deus não fez com o rei Belsazar, que foi condenado inapelavelmente. O rei Herodes, por não dar glória a Deus, foi comido de vermes. O Deus que fere é o Deus que cura, que humilha e que também exalta.

A conversão do homem quebrantado (Daniel 4:34-37)

Como Deus operou a conversão de Nabucodonosor? Não foi exaltando-o, mas o humilhando. É assim que Deus converte.

(54) Oito homens que influenciaram o mundo

Quem não se fizer como criança não pode entrar no reino de Deus. Primeiro, o homem precisa ser confrontado com seu pecado e saber que está perdido. Primeiro, a lei o condena e o leva ao pó para reconhecer sua indignidade. No céu só entra gente quebrantada. Nabucodonosor via a glória de sua cidade. Ele tocava trombeta para si mesmo. Gostava de viver sob as luzes da ribalta. Aplaudia a própria glória. Deus, então, o humilhou. Jogou-o no pó. Mandou-o para o pasto comer grama. Tirou suas roupas palacianas e molhou o seu corpo com o orvalho do céu. Suas unhas esmaltadas viraram casco.

A conversão desse rei pode ser vista por quatro evidências:

Ele glorifica a Deus (Daniel 4:34)

Agora, ele olha para o céu. A nossa vida sempre segue a direção do nosso olhar. Até então ele só olhava para baixo, para a terra. Agia tal aquele rico insensato, na parábola contada por Jesus, que construiu só para esta vida e Deus o chamou de louco. Muitos levantam os olhos tarde demais, como o homem rico que, distraído com seus banquetes, desprezou a Lázaro. Ele levantou seus olhos, mas já estava no inferno.

Ele confessa a soberania de Deus (Daniel 4:35)

Nabucodonosor finalmente entende que Deus estava no trono do universo. Os olhos de sua alma se abriram e ele compreendeu que aquele a quem ele desprezava era, de fato, o Deus Todo-poderoso, Senhor soberano de toda a terra.

Ele testemunha sua restauração (Daniel 4:36)

Nabucodonosor não foi apenas salvo, ele dá testemunho da sua experiência. Ele não apenas recebe de Deus esse dom, mas partilha com outros acerca dessa bênção.

Ele adora a Deus (Daniel 4:37)

Nabucodonosor adorava a si mesmo. Ele vivia esplendidamente encantado com a própria glória. Ele era seu próprio deus e as glórias da Babilônia, sua recompensa. Sua autoidolatria durou até o dia em que foi quebrantado e convertido pelo Deus vivo. Doravante passou a adorar o Deus todo-poderoso.

AS LIÇÕES DA VIDA DE UM REI CONVERTIDO

Concluímos este capítulo, no qual vimos como Deus mostra seu amor sem limites até mesmo ao mais megalomaníaco dos homens, com três aplicações práticas:

Nunca devemos desistir da conversão de qualquer pessoa

Aquele que arruinou Jerusalém, que destruiu o templo, que carregou os vasos sagrados, que esmagou a cidade, que levou cativo o povo, que adorava deuses falsos e era cheio de orgulho, foi convertido. Aquele que manda matar os próprios feiticeiros e também jogar na fornalha os filhos de Deus; que exige adoração à sua pessoa e força as pessoas a adorarem falsos deuses; que era o homem mais poderoso do mundo; esse homem se converteu. Se esse homem foi convertido, podemos crer piamente que não há conversão impossível para o Deus todo-poderoso. Creia na conversão do ateu, do agnóstico, do cínico, do apático, do blasfemo, do feiticeiro, do idólatra, do viciado, da prostituta, do homossexual, do drogado, do assassino, do presidiário, do político, do universitário, do patrão, do cônjuge, do filho, dos pais. Creia! Evangelize! O Deus que salva está no trono.

Você ainda não se converteu por ainda não estar suficientemente quebrantado

Você tem um elevado conceito de si mesmo. Você é uma pessoa muito orgulhosa para se prostrar. Acha-se muito importante ou bom para se humilhar. Mas é o publicano, que bate no peito e chora pelos seus pecados, que desce justificado. O grande perseguidor da igreja, Saulo de Tarso, só se converte quando Jesus o joga no chão e assim, cego e humilde, Saulo se volta quebrantado para Jesus. Jesus não veio chamar justos, mas pecadores. Não veio curar os que se julgam sãos, mas sarar os que reconhecem que são doentes e carentes.

Aquele que reluta em se prostrar vai ser quebrantado ou vai perecer eternamente

Deus poderia tornar qualquer pessoa louca. Quem sabe como Deus reagirá à sua constante rejeição, a despeito das constantes advertências? Deus pode quebrar você sem que haja cura (Provérbios 29:1). Se Deus tornar você uma pessoa louca sem lhe restaurar, como você clamará por sua misericórdia? Se ele chamar você agora, que desculpas você lhe dará? Deus não despreza o coração quebrantado (Salmos 51:17). Erga seus olhos ao céu enquanto é tempo. O homem rico, citado por Jesus, o fez tarde demais. O tempo de Deus é agora. É melhor ser quebrado por Deus agora do que perecer eternamente no inferno. Reconheça hoje também a soberania de Deus na sua vida e volte-se para o Senhor!

(Capítulo 5)
O cobrador de impostos corrupto

Jesus está passando por Jericó, belíssima e rica cidade próxima do rio Jordão e do Mar Morto, adornada de muitas palmeiras e muitas fontes de águas quentes. Era a cidade de inverno dos reis e a residência predileta dos sacerdotes. Seu nome significa "lugar de fragrância". A cidade do lazer, do luxo, do comércio e da riqueza está agora sendo visitada pelo Filho de Deus. Jesus em Jericó era a visitação de Deus naquela cidade, era a oportunidade que Deus oferecia para o seu povo.

Aquela era a última vez que Jesus passava por Jericó. Seu próximo destino seria a cruz. Naquela semana, ele seria preso, condenado e pregado a uma cruz. Aquele era o dia da oportunidade, do céu aberto, da salvação oferecida a Jericó. Era o dia mais importante da agenda de Jericó.

Uma multidão se acotovelava para ver Jesus, mas só dois homens foram salvos: um pobre e outro rico. Um à beira do caminho, e o outro, empoleirado em uma árvore. Para se encontrar com Cristo, um precisou se levantar, e o outro, descer. Um era esquecido, e o outro, odiado. Um mendigo e outro aristocrata mostram que Deus não faz acepção de pessoas. Não importa sua posição política, financeira, a cor da sua pele ou sua religião, Jesus veio aqui para salvar você. Esta pode também ser a sua última oportunidade. O tempo é agora para o encontro da salvação.

OBSTÁCULOS PARA UM ENCONTRO COM JESUS

Zaqueu queria ter um encontro com Jesus. Todavia, para se encontrar com Jesus, Zaqueu precisou vencer vários obstáculos.

[58] Oito homens que influenciaram o mundo

O obstáculo de sua profissão (Lucas 19:2)

O primeiro obstáculo para Zaqueu estava na própria atividade, que lhe trazia um estigma muito pesado.

Zaqueu era um publicano

Os publicanos eram os cobradores de impostos. Eram semelhantes aos fiscais da Receita Federal, a mando de Roma. Ele tinha autorização para cobrar os impostos do povo e repassar o dinheiro aos cofres de Roma. Mas os publicanos não só cobravam impostos pesados do povo, como também o extorquiam. Um publicano tinha pouco patriotismo e nenhuma religião; tinha muita ganância e pouca ética. Preocupava-se mais com o lucro que com o próximo. Os publicanos eram considerados ladrões e classificados entre as prostitutas. Eram vistos como inimigos do povo e, por isso, odiados. Zaqueu carregava o estigma de ser um larápio inimigo do povo.

Zaqueu era maioral dos publicanos

Embora seu nome signifique "puro", ele era considerado repugnante pelo povo. Zaqueu era a antítese do seu nome. Seu nome significa "justo", mas ele enriquecera por meios fraudulentos. Ele era chefe dos publicanos em Jericó, gerente daquele odiado esquema de corrupção. Era um homem inteligente e esperto que usava o trabalho de outros para se favorecer. Porém, a despeito de sua posição, ele procura ver a Jesus (Lucas 19:3). Espiritualmente, ele era um homem infeliz, necessitado, insatisfeito, perdido e incompleto. Sua vida era marcada por um vazio que nem a fama, nem o dinheiro, nem o sucesso podiam preencher. Ele tinha dinheiro, mas não paz. Ele era rico, mas não feliz. A Palavra de Deus diz: "Melhor é o pouco, havendo temor do Senhor, do que grande tesouro onde há inquietação" (Provérbios 15:16).

O obstáculo de seu *status* social (Lucas 19:2)

Zaqueu era rico. A conversão de Zaqueu ilustra a verdade de Lucas "Quão dificilmente entrarão no reino de Deus os que têm riquezas! Porque é mais fácil passar um camelo pelo fundo de uma agulha do que entrar um rico no reino de Deus [...]. Sendo assim, quem pode ser salvo? Mas ele respondeu: Os impossíveis dos homens são possíveis para Deus" (Lucas 18:24-27). Zaqueu não deixou o dinheiro se colocar entre ele e Jesus. Ele sabia que o dinheiro não preenchia o vazio de seu coração. Ele sabia que sua alma estava sedenta de algo que o dinheiro não podia comprar. O jovem rico trocou a salvação da sua alma pela riqueza. Amou mais o dinheiro que a Deus. Seu deus era o dinheiro, e o dinheiro o levou à perdição. O problema não é ser rico, mas ser amante do dinheiro. O problema não é possuir dinheiro, mas ser possuído por ele. O problema não é carregar dinheiro no bolso, mas guardá-lo no coração.

O obstáculo de sua condição física (Lucas 19:3b)

Zaqueu era de pequena estatura. Para ver o rosto das pessoas, precisava olhar para cima. No meio da multidão, ele não tinha nenhuma chance. Ele devia carregar ainda o fardo pesado dos complexos e traumas da adolescência. Certamente, ele sofreu quando jovem. As pessoas riam dele, faziam chacota de sua condição física. Mas o cobrador de impostos não deixou que um problema físico interferisse em sua busca espiritual. Ele queria ver a Jesus. Se Zaqueu fosse alto como os jogadores de basquete ou um descendente de Golias, ou mesmo se tivesse

[60] Oito homens que influenciaram o mundo

uma estatura normal, estaria visível no meio da multidão. Mas ele transformou seu problema em um instrumento para aproximar-se de Jesus, e ele correu, demonstrando pressa para encontrar-se com Cristo. Ele fez a corrida mais importante de sua vida, a escalada mais importante da sua história. Ele subiu numa árvore para ver Jesus e, para sua surpresa, foi visto por Jesus, descobriu que era Jesus quem o conhecia, o buscava e o amava.

O obstáculo do seu orgulho (Lucas 19:4)

Zaqueu não se importou com sua condição de homem rico. Ele deixou de lado seu *status*, seus títulos, sua fama e subiu em uma árvore para ver a Jesus. Ele abriu mão de sua vaidade e de seu orgulho. Zaqueu, embora rico e maioral dos publicanos, não se importou com a opinião da multidão. Ele não deu atenção às críticas, zombarias, chacotas ou escárnios da multidão. Ele queria ver a Jesus. Para subir àquela árvore, ele precisou descer do pedestal de seu orgulho. Zaqueu subiu com o desejo de ver a Jesus e desceu a toda pressa por causa da palavra de Jesus. Ele desceu de seu pedestal, desceu de sua condição e abriu seu coração e sua casa para receber a Jesus. Zaqueu admitiu diante de todas as pessoas as falhas de seu caráter. Ele tirou a máscara, admitiu sua doença, confessou seu pecado, pôs o dedo no nervo exposto de sua terrível condição espiritual.

O obstáculo da multidão (Lucas 19:3)

A multidão sempre foi um obstáculo para as pessoas terem um encontro com Jesus. A mesma multidão que quis calar o cego Bartimeu em Jericó agora aperta Zaqueu e não o deixa ver a Jesus. Cuidado com a multidão, ela pode ser um estorvo em sua vida. Não deixe que a multidão sufoque o seu grito de

O cobrador de impostos corrupto (61)

socorro, nem o impeça de ter um encontro com Cristo. Quantas almas se sentem constrangidas de ir ao Salvador por causa de parentes, amigos, opinião pública e o povo? Zaqueu não se intimidou por causa da multidão. Seu desejo de ver a Jesus foi maior do que o obstáculo da multidão.

O obstáculo dos murmuradores (Lucas 19:7)

Quem são os murmuradores? São os impiedosos! São os que têm pressa em condenar! São os que chegaram aos ouvidos de Jesus para dizer: "Esse Zaqueu é desonesto, é sujo e indigno". Eles são os que se acham melhores que os outros. Se depender deles, você ficará para sempre fora do reino de Deus. Feche seus ouvidos à voz dos murmuradores. Não deixe que os fariseus modernos o mantenham longe de Jesus.

A DETERMINAÇÃO DE JESUS EM SALVAR ZAQUEU

Jesus deu quatro passos na direção da salvação de Zaqueu:

Jesus buscou a Zaqueu antes de Zaqueu buscá-lo (Lucas 19:5)

Jesus o viu primeiro. Assim como Jesus vira a Mateus na coletoria e a Natanael debaixo da figueira, agora Jesus vê Zaqueu empoleirado na árvore. A iniciativa do encontro pessoal foi de Jesus. Ele amou você primeiro. Ele sabe quem você é. Ele conhece o seu nome. Ele chama você pelo seu nome. Ele conhece o seu passado. Antes dos tempos eternos, ele já conhecia você, já amava você e já havia se decidido por você. Jesus olha e busca a Zaqueu primeiro. Ele veio buscar e salvar o perdido. Jesus estava passando por Jericó por causa de Zaqueu. Jesus

[62] Oito homens que influenciaram o mundo

está aqui hoje por você. Ele conhece e ama você. Zaqueu na árvore era como um fruto maduro que Jesus precisava colher.

Jesus mostrou para Zaqueu que a sua salvação era uma questão urgente (Lucas 19:5)

"Desce depressa." É hoje. É agora. Não dá mais para adiar. Aquele era o último dia. Aquela era a última hora. Jesus nunca mais passaria por Jericó. Jesus também tem pressa para salvar você. Hoje, é o dia da visitação de Deus em sua vida. Não perca o dia da sua oportunidade. Não endureça o coração. Busque ao Senhor enquanto se pode achar. A eternidade jaz à porta.

Jesus não quer apenas ver Zaqueu, mas também ter comunhão com ele (Lucas 19:5)

Jesus nunca entrou numa casa sem ser convidado nem nunca permaneceu sem ser acolhido. Porém, dessa vez, Jesus disse: "Zaqueu, me convém ficar em sua casa". Estava na agenda de Cristo salvar Zaqueu, como estava em sua agenda passar em Samaria e salvar aquela mulher. Isso prova o amor de Jesus e o propósito urgente dele em salvar Zaqueu. O prazer de Deus é perdoar os seus pecados. Jesus revela que seu amor é desprovido de preconceitos. A cidade inteira murmurou ao ver Jesus se hospedando com Zaqueu (Lucas 19:7). Eles sabiam que Zaqueu era um grande pecador. Mas Jesus é o amigo dos publicanos e pecadores. Jesus não veio buscar os que se acham justos e bons. Como médico, ele veio curar os que se consideram doentes. Ele veio buscar e salvar os perdidos. Jesus quer ter comunhão com Zaqueu, por isso vai a casa dele. Jesus quer transformar a vida e o lar de Zaqueu.

Jesus oferece a Zaqueu o glorioso presente da salvação (Lucas 19:9,10)

A salvação não é obtida por meio da religião, mediante uma vida correta ou pelas obras realizadas. Jericó era a cidade dos sacerdotes, mas é o negociante mais inescrupuloso da cidade que vai procurar a Jesus e ser salvo. Havia muitas pessoas de caráter em Jericó, mas Jesus salva o homem mais odiado da cidade. O passado de Zaqueu era repugnante para todos. Jesus pediu ao jovem rico para vender tudo o que possuía e dar aos pobres. O jovem se recusou. Uma pessoa pode distribuir todos os seus bens aos pobres e isso de nada valer. Zaqueu deu a metade dos seus bens. Ele não foi salvo porque deu, ele foi salvo porque creu. Não importa quem você seja, o que você fez, por onde andou. Agora mesmo, se você se arrepender de seus pecados, abandoná-los e confiar em Jesus, você pode ser salvo. A salvação é uma dádiva gratuita de Jesus. Ele veio buscar e salvar o perdido. Jesus veio buscar você neste exato momento. Ele ama você. Ele conhece você. Você, que está perdido pelos seus pecados, Jesus agora quer lhe dar a vida eterna.

AS EVIDÊNCIAS DE UM ENCONTRO SALVADOR COM JESUS

Zaqueu apresenta quatro evidências de sua conversão:

Prontidão para obedecer ao chamado de Cristo (Lucas 19:6)

Zaqueu desceu depressa. Ele obedeceu sem questionar e sem adiar. Ele abriu sua vida, seu coração, sua consciência, seu cofre e deixou que Jesus entrasse em cada área da sua vida.

Alegria em receber a Cristo (Lucas 19:6)

Jesus quer lhe dar a vida eterna, perdoar seus pecados, limpar seu coração e fazer de você uma nova criatura. Ele veio para que você tenha vida abundante, superlativa, maiúscula, eterna. Jesus veio não para fazer de você uma pessoa infeliz, frustrada, mas para você conhecer a verdadeira vida. Quem encontra a Jesus encontra uma pérola de grande valor, a verdadeira vida, o verdadeiro tesouro. Aquele que nele crer, como diz a Escritura, do seu interior fluirão rios de água viva.

Coração aberto para amar e socorrer os necessitados (Lucas 19:8)

Zaqueu demonstrou profunda mudança em sua vida. Jesus transformou seu coração, sua vida, seu caráter e seu bolso. O primeiro sinal de conversão na vida dele foi o amor, a generosidade e a disposição de dar: "Eu resolvo dar". Até então sua vida era marcada pelo receber e tomar o que era dos outros. Ele, que sempre tomou, agora quer dar. O eixo de sua vida mudou. Ele, que queria sempre levar vantagem em tudo, agora quer ajudar. Ele, que sempre pensava em si mesmo, agora pensa nos outros. Agora não é a ganância, mas o amor que governa a sua vida. Se a nossa religião é verdadeira, ela atinge nosso bolso, toca nossa carteira. Quando você abre o coração para a generosidade, você destrói o demônio da ganância. Zaqueu não doa para ganhar a salvação, mas sim porque recebeu a salvação. Quando o nosso coração é atingido pelo amor de Jesus, o bolso, a conta bancária, tudo passa a ser também do Senhor.

Prontidão para corrigir as faltas do passado (Lucas 19:8)

Zaqueu fraudou muita gente inocente. Ele pisou nos menos favorecidos, ganhou muita propina por cambalachos que fazia

O cobrador de impostos corrupto   (65)

para os ricos, adulterou muitas notas fiscais, aceitou muitas notas frias, tudo isso para aumentar a própria riqueza. Um dia, porém, sua consciência transbordou e ele não aguentou mais. Ao encontrar-se com Jesus, ele se dispôs a corrigir as faltas de seu passado. Uma pessoa transformada, convertida é uma pessoa honesta. Zaqueu quer agora reparar os erros cometidos. Ele quer restituir as pessoas a quem havia lesado. Ele quer limpar o seu nome. Ele quer uma vida certa. O caráter de Zaqueu é curado por Cristo. Ele abandona a mentira, a esperteza comercial, as vantagens fáceis do enriquecimento ilícito. Ele quer agora andar na luz. Um idólatra se arrepende e abandona os ídolos. Um maldizente abandona os palavrões. Um mentiroso abandona a mentira. Um adúltero abandona o adultério. Um homossexual abandona a homossexualidade. Um viciado abandona as drogas. Um ladrão deixa o roubo e devolve o que não é seu. Um feiticeiro larga a feitiçaria. Não há salvação sem abandono do pecado: "O que encobre as suas transgressões jamais prosperará; mas o que as confessa e deixa alcançará misericórdia" (Provérbios 28:13).

Quando Zaqueu demonstrou seu sincero arrependimento, Jesus lhe disse: "Hoje, houve salvação nesta casa. Porque também este é filho de Abraão. Pois o Filho do homem veio buscar e salvar o perdido" (Lucas 19:9,10). Jesus viu Zaqueu e o chamou pelo nome. Foi à sua casa. Demonstrou-lhe seu amor sem preconceitos. Transformou o seu caráter e lhe deu a vida eterna.

Jesus quer fazer o mesmo com você. Você pode ter também um encontro salvador com Jesus enquanto lê estas páginas. Você, que está procurando a Jesus, saiba que ele já estava procurando-o primeiro.

(Capítulo 6)

O ladrão à beira da morte

Era sexta-feira. O Sinédrio reuniu-se de madrugada para formular uma acusação política contra Jesus. As autoridades religiosas queriam dar a Ele a imagem de um agitador social, um revolucionário perturbador da ordem social. Na noite anterior, já o haviam acusado de blasfêmia e o colocado como um herege contra Deus. Agora, queriam colocá-lo contra César. Depois de várias tentativas frustradas para se livrar de Jesus, Pilatos acabou condenando-o à morte e morte de cruz. Às nove horas da manhã, depois de percorrer as ruas apinhadas de Jerusalém, Jesus foi pregado numa cruz, no topo do Calvário, entre dois ladrões e malfeitores.

A CRUZ DO CENTRO

Ali estava o Criador do universo. Aquele que espalhou as estrelas no firmamento e as chama pelo nome. Aquele que sustenta o universo. O Soberano diante de quem todo joelho se dobrará. Ele está na cruz do centro porque os homens o julgaram como o maior criminoso. Mas Ele está na cruz do centro porque aquela cruz do centro divide a História e os homens. Um dos ladrões se perdeu. O outro foi salvo. Um se arrependeu, o outro endureceu a cerviz.

A CRUZ DA ESQUERDA

O ladrão da esquerda pereceu porque, mesmo na hora da morte, continuou rebelde contra Deus. Perdeu a última oportunidade e rejeitou a Cristo ao morrer. Embora estivesse perto

O ladrão à beira da morte (67)

de Cristo, não o reconheceu como Salvador. Embora tivesse orado, não quis que a vontade de Deus fosse feita. Ele quis ser salvo à própria maneira e não por meio da morte de Cristo. O outro tinha o mesmo estilo de vida, recebeu a mesma sentença, estava exposto às mesmas circunstâncias, disse inicialmente os mesmos insultos, mas se arrependeu e foi salvo. Esse ladrão que foi salvo é símbolo de todos aqueles que se arrependem e recebem de graça a salvação. O ladrão impenitente é um símbolo de todos aqueles que, a despeito do que veem e ouvem, rejeitam a salvação.

A CRUZ DA DIREITA

Vamos nos deter na história desse homem que se arrependeu e foi salvo. Quem ele era? Quais eram os seus atributos? Como foi que ele, mesmo à beira do abismo, foi resgatado na última hora e levado para o paraíso?

Ele viveu à margem da lei (Mateus 27:38; Lucas 23:32,33)

A Bíblia diz que esse homem foi um transgressor da lei. Ele viveu ao arrepio da lei de Deus e dos homens. Quem era ele?

Ele era um ladrão (Mateus 27:38)

Ele não era apenas um larápio, um batedor de carteira, alguém que furtivamente furtava as pessoas. Ele não era um *cleptes*, (aquele que rouba furtivamente) como Judas Iscariotes que roubava a bolsa. Ele era um *lestes*, (aquele que rouba a mão armada) como Barrabás, um salteador, um homem que assaltava afrontosamente a mão armada. Ele era um bandido, um criminoso que matava para roubar. Ele não respeitava a vida alheia nem a propriedade alheia. Esse homem passou a

(68) Oito homens que influenciaram o mundo

vida trazendo dor às pessoas. Sua vida foi um inferno para os outros. Era desonesto e violento. Era um monstro social. Um perturbador da ordem pública. Um câncer da sociedade. Alguém que só trouxe alívio para a sociedade quando recebeu pena de morte.

Ele era um malfeitor (Lucas 23:32,33)

Não apenas o caráter desse homem era pervertido, mas tudo quanto fazia também o era. Suas obras eram más. Seus frutos eram amargos e podres. Ele era um instrumento do malfeitor. Ele era um agente do mal. Aonde ele chegava o ambiente tornava-se tenso.

O pecado é a transgressão da lei. Todos pecaram e destituídos estão da glória de Deus. Somos diferentes uns dos outros em grau, mas não em natureza. O mal está dentro de nós. Ele brota do nosso coração. Todos somos malfeitores. O coração que batia no peito desse malfeitor bate também em nosso peito. Todos os homens estão num estado de depravação total. Todas as nossas faculdades foram atingidas pelo pecado. Não há parte sã em nossa vida. Não há área do nosso caráter que não tenha sido afetada pelo pecado.

Jean Jacques Rousseau estava absolutamente equivocado quando disse que o homem é essencialmente bom. John Locke estava errado quando disse que somos apenas produto do meio. Augusto Comte estava enganado quando disse que o problema do homem é apenas a falta de educação. O problema do homem não vem apenas de fora, mas, sobretudo, de dentro. O mal não está apenas nas estruturas sociais, mas, sobretudo, no coração. O mal que escorre pelas estruturas políticas, econômicas e sociais tem sua fonte no coração do homem.

O ladrão à beira da morte (69)

O ladrão estava enganado quanto a Cristo (Mateus 27:40-43)

A Bíblia diz que esse homem falou impropérios a Jesus e contra Jesus (Mateus 27:44). Ele acompanhou os escribas, o povo, os soldados e o seu comparsa de crime, crucificado com ele, nesses impropérios. Ele era como um deles. Esses impropérios revelam que ele estava também completamente equivocado a respeito de Cristo. Os evangelistas registram quatro enganos desse ladrão acerca de Cristo:

Salva-te a ti mesmo, se és Filho de Deus (Mateus 27:40)

Se Jesus salvasse a si mesmo, não poderia salvar a nós. Ele veio para morrer. Somos libertos da morte eterna por sua morte na cruz. É a sua morte que nos trouxe vida. Foi por sua morte que ele pagou o preço de nossa redenção. Foi pelo seu sangue que ele nos redimiu. Se ele salvasse a si mesmo, nós pereceríamos inevitavelmente. Não apenas o caráter do ladrão estava errado. Não apenas sua vida estava errada. Porém, também, sua teologia estava errada. Seu conceito de Jesus estava errado. No início, ele queria uma salvação sem a morte expiatória de Cristo. Ele não passava de um humanista antropolátrico.

Desça da cruz, e creremos nele (Mateus 27:42)

O ladrão da direita estava enganado sobre Cristo e a respeito de si mesmo. Jesus jamais buscou agradar a homens para que cressem nele. O malfeitor queria o Cristo dos milagres e não o Cristo sofredor. Ele queria um herói e não um redentor. Mas não entendia que, se Jesus descesse da cruz, nós desceríamos ao inferno. Se Jesus se livrasse da cruz, nós seríamos condenados. Jesus morreu a nossa morte, sofreu a sentença que deveria cair sobre nossa cabeça e se fez pecado e maldição por nós.

[70] Oito homens que influenciaram o mundo

Precisamos ainda entender que a fé é um dom de Deus. O homem natural está rendido à incredulidade. O homem não pode crer em Cristo por si mesmo. Ninguém pode ir a Cristo se primeiro o Pai não o trouxer. O homem natural é inimigo de Deus. Toda a inclinação de sua carne é contrária à lei de Deus. Antes de nos voltarmos para Deus, é preciso que primeiro ele incline o coração para nós.

Salvou os outros, a si mesmo não pode salvar-se (Mateus 27:42)

Estavam absolutamente certos nas duas declarações, mas enganados quanto ao seu sentido mais profundo. Jesus salvou os outros: ele curou, libertou, perdoou e salvou a todos quantos vieram a ele. Porém, Jesus não poderia salvar-se a si mesmo e, ao mesmo tempo, salvar a nós.

A única maneira de Deus nos salvar era enviando um substituto perfeito para morrer em nosso lugar. A Bíblia diz que Jesus é o Cordeiro de Deus que tira o pecado do mundo (João 1:29). Deus fez cair sobre ele a iniquidade de nós todos. Ele foi moído e traspassado pelas nossas transgressões. O castigo que nos traz a paz estava sobre ele e pelas suas pisaduras nós fomos sarados.

Eles estavam errados porque Jesus não estava impotente preso àquela cruz, como os ladrões. Ele estava ali voluntariamente. Ele decidiu ir para a cruz na eternidade (Apocalipse 13:8). Ele caminhou para a cruz como um rei caminha para a coroação. Ele não levou em conta a ignomínia da cruz por causa da alegria que lhe estava proposta. A cruz não foi um acidente, mas um apontamento. Ele não foi à cruz porque Judas o traiu, porque Pedro o negou, porque os judeus o entregaram ou porque Pilatos o sentenciou. Ele foi à cruz por amor.

O ladrão à beira da morte (71)

Confiou em Deus; pois venha livrá-lo agora, se de fato lhe quer bem (Mateus 27:43)

Esse ladrão estava errado quanto à relação de Jesus com Deus Pai. Primeiro, ele pensou que Jesus fosse um embusteiro que se dizia Filho de Deus sem ser. Segundo, ele achou que Deus não o queria bem, por isso estava desamparado ali na cruz. Porém, na verdade, Jesus confiou em Deus e Deus lhe queria bem. Jesus era o prazer do Pai. "Esse é o meu Filho em quem me comprazo." O fato de Jesus estar na cruz revelava um amor incompreensível de Deus pelo homem pecador.

O ladrão teve os olhos abertos e o coração tocado (Lucas 23:40-42)

Jesus proferiu sete frases na cruz: "Pai, perdoa-lhes, porque não sabem o que fazem" (Lucas 23:34); "[...] hoje estarás comigo no paraíso" (Lucas 23:43); "Mulher, eis aí teu filho" (João 19:25-27); "Deus meu, Deus meu, por que me desamparaste?" (Mateus 27:46); "Tenho sede" (João 19:28); "Está consumado" (João 19:30); "Pai, nas tuas mãos entrego o meu espírito" (Lucas 23:46). Essas frases e a atitude de Jesus na cruz diante de seus algozes mudaram a vida desse homem. Ele começou falando impropérios para Jesus e terminou quebrantado e arrependido. Ele se converteu na última hora. Ele foi tocado na undécima hora. Vejamos o que lhe aconteceu:

Ele temeu a Deus (Lucas 23:40)

O malfeitor crucificado não apenas é tomado pelo temor a Deus, mas repreende àquele que não tem temor a Deus. No mesmo instante em que se arrepende, ele se torna um evangelista. Ele, que viveu a vida toda sem temor a Deus e sem amor ao próximo, agora teme a Deus e se esforça para levar o

[72] Oito homens que influenciaram o mundo

próximo a Cristo. Você precisa temer a Deus. Saber que ele é o reto Juiz diante de quem você vai comparecer. Saber que você jamais poderá ser salvo a não ser que você se humilhe.

Ele reconheceu seu pecado (Lucas 23:40,41)

Ele reconhece que está na cruz por causa de suas mazelas, de seus crimes, de seus pecados. Ele sabe que está recebendo a justa e merecida punição dos seus erros. Ninguém pode ser salvo a menos que saiba que é pecador. Pecamos por palavras. No Dia do Juízo, você dará conta por todas as palavras frívolas que proferir. Pecamos por obras. Muita coisa você fez que sua família não sabe, seus amigos não sabem, mas Deus viu e no Dia do Juízo os livros serão abertos e você será julgado conforme o que está escrito nos livros. A Bíblia diz que, pelas obras, você não pode ser salvo, porque se você guardar toda a lei e tropeçar num único mandamento você é culpado da lei inteira. Pecamos por omissão. Jesus falou que a omissão é um terrível pecado que levará as pessoas à condenação eterna (Mateus 25:31-46). Pecamos por pensamentos e desejos. Passam pela sua cabeça dez mil pensamentos por dia. Quantos deles são pecaminosos? Se você tivesse apenas três pecados por dia, você já teria mil pecados por ano!

Ele reconheceu que Jesus é santo (Lucas 23:41)

Um pecador não poderia morrer vicariamente por outros pecadores. Ele não tinha pecado, mas se fez pecado. Ele foi feito pecado. Ele não tinha pecado pessoal, mas o nosso pecado foi lançado sobre ele.

Quando Jesus estava na cruz, Deus tomou nossos pecados e os lançou sobre ele. Ele foi ferido, traspassado. Não havia

O ladrão à beira da morte (73)

beleza nele. Ele desceu ao inferno. Ele se fez maldição. Ele morreu a nossa morte, não morreu por si, mas por nós.

Ele reconheceu que Jesus é o salvador e o rei (Lucas 23:41,42)

Ele chama Jesus de salvador. Ele sabe que ele tem um reino. Ele compreende que está diante do próprio Filho de Deus. Seus olhos são abertos. Seu coração é tocado. A eternidade se descortina diante dele e ele reconhece que está diante de quem pode lhe perdoar, salvar e dar a vida eterna.

Não há outro que possa lhe salvar. Jesus é o único salvador. Não outro nome dado entre os homens pelo qual importa que sejamos salvos. Jesus é a porta. Ele é o caminho. Só ele pode tomar você pela mão e o conduzir ao céu.

Ele clamou a Jesus na última hora (Lucas 23:42)

Não basta saber que Jesus salva. Você precisa se voltar para ele. Caso contrário, seria o mesmo de você morrer dentro de uma farmácia com o remédio eficaz bem à sua mão. Você precisa crer em Jesus e recebê-lo como seu salvador.

Jesus garantiu ao ladrão a vida eterna (Lucas 23:43)

Destacamos quatro verdades acerca da salvação oferecida por Jesus.

A salvação que Jesus oferece é certa (Lucas 23:43)

Jesus inicia sua resposta, dizendo: "Em verdade te digo...". O que ele vai tratar é um assunto certo, seguro, garantido. Ele não mente, ele não engana. Ele é o salvador. Quem vem a ele jamais é lançado fora. Ele é a água da vida. Ele é o pão da vida. Ele pode salvar totalmente. Hoje mesmo você pode ser salvo

[74] Oito homens que influenciaram o mundo

e seus pecados perdoados. Hoje mesmo a porta da graça está aberta para você. Jesus convida: Vem! A Igreja chama: Vem!

A salvação que Jesus oferece é imediata (Lucas 23:43)

Jesus disse ao ladrão: "Hoje mesmo estarás comigo no paraíso". Não amanhã. Não na hora da morte. Não depois da morte. Não num tempo indefinido depois da morte. Agora mesmo, se seu coração abrir, se você clamar, se você confiar, Jesus pode perdoar seus pecados, salvar sua vida e dar-lhe a vida eterna. Não existe purgatório. Não existe reencarnação. Existe Jesus e hoje mesmo!

A salvação que Jesus oferece é gratuita (Lucas 23:43)

Aquele malfeitor não tinha obras, nem tempo para descer da cruz e ser batizado. Aquele homem não tinha tempo de pagar suas dívidas. Aquele homem foi salvo sem mérito pessoal, sem obras pessoais, sem rituais religiosos. A salvação é de graça. Não é o que fazemos para Deus, mas o que Deus fez por nós em Cristo. Não há nada que você possa fazer para Deus o amar mais nem nada que você possa fazer para Deus o amar menos.

A salvação que Jesus oferece é comunhão com Ele no paraíso (Lucas 23:43)

A salvação é estar com o salvador. O salvador tem um paraíso, um lar, uma cidade santa. Ele nos levará para seu reino de luz. Lá estaremos para sempre com ele. Lá não entrarão o pecado nem a morte, a dor ou o luto. Esse é um lugar de bem-aventuranças e um estado de felicidade eterna, pois estaremos para sempre com aquele que é a fonte da felicidade.

[Capítulo 7]
Saulo, o maior perseguidor da igreja

A conversão de Paulo foi a mais importante da história do cristianismo. Talvez, depois do Pentecostes, nenhum fato seja mais marcante na história da igreja. Nenhum homem exerceu tanta influência no cristianismo, nenhum homem foi tão notório na história da humanidade. Lucas ficou tão impressionado com a importância da conversão de Paulo que ele a relata por três vezes em Atos (Atos 9:22 e 26).

Paulo, então chamado Saulo, vinha de um berço religioso de gloriosa e exaltada tradição, "[...] circuncidado ao oitavo dia, da linhagem de Israel, da tribo de Benjamim, hebreu de hebreus; quanto à lei fariseu" (Filipenses 3:5). Nasceu em Tarso, capital da Cilícia. Por direito de nascimento, era cidadão romano. Foi educado aos pés do mestre Gamaliel em Jerusalém, onde recebeu a mais refinada educação cultural e religiosa (Atos 22:3). Era adepto da ala mais radical do judaísmo, a seita dos fariseus (Atos 22:3). Foi a maior expressão do judaísmo antes de se converter e tornou-se a maior expressão da igreja, depois de sua conversão. Vamos examinar a vida desse homem e a história de sua conversão.

PAULO, O PERSEGUIDOR

Lucas descreve esse implacável perseguidor da igreja com cores muito fortes.

(76) Oito homens que influenciaram o mundo

Saulo de Tarso é descrito como fera selvagem (Atos 9:1; 22:20; 26:11)

Ele era um perseguidor implacável. Ele estava determinado a banir o cristianismo da face da Terra. Ele não podia aceitar que um Nazareno, crucificado como um criminoso, pudesse ser o Messias prometido de Deus. Ele não podia aceitar que os cristãos anunciassem a ressurreição daquele que havia sido dependurado numa cruz. Ele não podia crer que uma pessoa pregada na cruz, consequentemente considerada pecadora e maldita, pudesse ser o salvador do mundo.

Paulo mesmo dá esse testemunho perante o rei Agripa: "Muitas vezes, os castiguei por todas as sinagogas, obrigando-os até a blasfemar. E, demasiadamente enfurecido contra eles, mesmo por cidades estranhas os perseguia" (Atos 26:11).

Paulo estava por trás do apedrejamento de Estêvão (Atos 8:1). Ele mesmo testemunha: "Quando se derramava o sangue de Estêvão, tua testemunha, eu também estava presente, consentia nisso e até guardei as vestes dos que o matavam" (Atos 22:20).

A igreja em Jerusalém foi duramente perseguida e muitos cristãos fugiram, pregando o evangelho. Alguns deles foram para Damasco. E agora, Paulo, ainda respirando ameaças e morte contra os discípulos do Senhor se dispõe a ir a Damasco para manietar, prender e arrastar preso para Jerusalém aqueles que confessavam o nome de Cristo (Atos 9:1). Ele queria destruir os crentes em Jerusalém, por isso os caçava por toda parte, para trazê-los de volta a Jerusalém e ali exterminá-los.

Essa expressão: "Respirando ameaças e morte" literalmente é a mesma expressão para descrever uma fera selvagem que furiosamente extermina o corpo de uma presa. Na linguagem dos crentes de Damasco, Paulo era um exterminador (Atos 9:21). Paulo era um monstro celerado, um carrasco impiedoso,

Saulo, o maior perseguidor da igreja (77)

um perseguidor truculento, um tormento na vida dos cristãos primitivos. Essa expressão: "[...] respirando ameaças e morte" (Atos 9:1) era uma "alusão ao arfar e ao bufar dos animais selvagens". Paulo parecia mais um animal selvagem do que um homem. Em suas próprias palavras, ele "[...] estava demasiadamente enfurecido" (Atos 26:11).

Saulo de Tarso era um caçador implacável (Atos 9:2; 22:5; 26:9)

Paulo não se contentou apenas em perseguir os cristãos em Jerusalém, os caçava por todas as cidades estranhas. Agora, escoltado por uma soldadesca do sinédrio, marcha para Damasco, capital da Síria, para prender os cristãos e levá-los manietados para Jerusalém (Atos 9:2). Seu propósito em prender os cristãos em Damasco era trazê-los a Jerusalém e puni-los, exatamente no local onde eles afirmavam que Jesus havia ressuscitado (Atos 22:5).

Seu ódio, na verdade, não era propriamente contra os cristãos, mas contra o próprio Cristo. Ele testemunha ao rei Agripa: "Na verdade, a mim me parecia que muitas coisas devia eu praticar contra o nome de Jesus, o Nazareno" (Atos 26:9). Escrevendo a seu filho Timóteo, Paulo testemunha: "A mim, que, noutro tempo, era blasfemo, e perseguidor, e insolente" (1Timóteo 1:13).

Paulo, perseguindo a igreja, estava perseguindo o próprio Cristo. Por isso, Jesus, quando lhe aparece no caminho de Damasco, pergunta: "Saulo, Saulo, por que me persegues?" (Atos 9:4). Saulo, então, pergunta: "Quem és tu, Senhor?" E a resposta foi: "Eu sou Jesus, o Nazareno a quem tu persegues" (Atos 9:5; 22:8). Diante do sinédrio, Paulo disse: "Persegui este Caminho até à morte, prendendo e metendo em cárceres

[78] Oito homens que influenciaram o mundo

homens e mulheres" (Atos 22:4). O povo de Damasco, ao ouvir a pregação de Paulo, logo depois de sua conversão, reafirma como Paulo perseguiu de forma implacável os crentes: "Não é este o que exterminava em Jerusalém aos que invocavam o nome de Jesus, e para aqui veio precisamente com o fim de os levar amarrados aos principais sacerdotes?" (Atos 9:21).

Saulo de Tarso era um malfeitor impiedoso (Atos 9:13; 22:19)

O zelo sem entendimento pode levar alguém a fazer loucuras. Paulo atacou furiosamente os cristãos. Ananias disse ao Senhor acerca dele: "Senhor, de muitos tenho ouvido a respeito desse homem, quantos males tem feito aos teus santos em Jerusalém; e para aqui trouxe autorização dos principais sacerdotes para prender a todos os que invocam o teu nome" (Atos 9:13,14). Paulo mesmo testemunhou ao sinédrio sua truculência contra os cristãos, dizendo: "Senhor [...] eu encerrava em prisão, e nas sinagogas, açoitava os que criam em ti" (Atos 22:19). Escrevendo aos gálatas, Paulo relata seu procedimento no judaísmo: "[...] sobremaneira perseguia eu a igreja de Deus e a devastava" (Gálatas 1:13).

Saulo de Tarso era um torturador desumano (Atos 26:11)

O ódio de Paulo contra Cristo e contra os cristãos era tão impetuoso que ele não se satisfazia apenas em manietar e encerrar em prisões aqueles que confessavam o nome de Cristo, mas ele também os castigava por todas as sinagogas, obrigando-os a blasfemar (Atos 26:11). Paulo era um carrasco selvagem. Sua fúria incendiava seu coração e fazia dele um monstro celerado, um pesadelo para os cristãos. Sua tortura era tanto física quanto psicológica.

Saulo de Tarso era um assassino truculento (Atos 26:10)

Paulo perseguia, açoitava, prendia, obrigava pessoas a blasfemarem, e dava seu voto para matar os cristãos. Ele consentiu na morte de Estêvão (Atos 8:1). Ele testemunha perante o rei Agripa: "Na verdade, a mim me parecia que muitas cousas devia eu praticar contra o nome de Jesus, o Nazareno; e assim procedi em Jerusalém. Havendo eu recebido autorização dos principais sacerdotes, encerrei muitos dos santos nas prisões; e contra estes dava o meu voto, quando os matavam" (Atos 26:9,10).

PAULO, O CONVERTIDO

Destacaremos a partir de agora alguns aspectos de sua milagrosa conversão.

Paulo não se converteu, ele foi convertido (Atos 9:3-6)

A causa da conversão de Paulo foi a graça soberana de Deus. Ele não se decidiu por Cristo; na realidade, Paulo estava perseguindo a Cristo. Na verdade, foi Cristo quem se decidiu por ele.

Paulo estava caçando os cristãos para prendê-los e Cristo estava caçando Paulo para salvá-lo. A salvação de Paulo não foi iniciativa dele, mas de Jesus. Não foi Paulo quem clamou por Jesus, foi Jesus quem chamou pelo nome de Paulo. A salvação é obra exclusiva de Deus. Não é o homem quem se reconcilia com Deus, é Deus quem está, em Cristo, reconciliando consigo o mundo (2Coríntios 5:18).

Paulo não é salvo por seus méritos. Ele era uma fera selvagem, um perseguidor implacável, um assassino insensível.

(80)   Oito homens que influenciaram o mundo

Seus predicados religiosos, nos quais confiava (circuncidado, fariseu, hebreu de hebreus, da tribo de Benjamim), ele mesmo considerou depois como refugo (Filipenses 3:8,9). As nossas justiças aos olhos de Deus não passam de trapo de imundícia (Isaías 64:6).

Paulo era um touro bravo que resistiu aos aguilhões (Atos 26:14)

A conversão de Paulo não foi de maneira alguma uma conversão repentina. De acordo com a própria narrativa de Paulo, Jesus lhe disse: "Dura coisa é recalcitrares contra os aguilhões" (Atos 26:14). Jesus comparou Paulo a um touro jovem, forte e obstinado, e a si mesmo a um fazendeiro que usa aguilhões para domar o touro.

Deus já estava trabalhando na vida de Paulo antes de ele se render no caminho de Damasco. Jesus já estava ferroando sua consciência quando ele viu Estêvão sendo apedrejado e com rosto de anjo pedindo a Jesus para perdoar aos seus algozes. A oração de Estêvão ainda latejava na alma de Paulo.

Jesus estava ferroando a consciência de Paulo, quando ele prendia os cristãos e dava seu voto para matá-los e eles morriam cantando. Porém, como esse boi selvagem não amansou com as ferroadas, Jesus apareceu para ele e o derrubou ao chão e o subjugou totalmente no caminho de Damasco. Isso nos prova que a eleição de Deus é incondicional, que a graça de Deus é irresistível e que seu chamado é irrecusável. Paulo precisou ser jogado ao chão e ficar cego para se converter. Nabucodonosor precisou comer capim no campo com os animais para se dobrar. Até quando você vai resistir à voz do Espírito de Deus?

A conversão de Paulo no caminho de Damasco era o clímax repentino de um longo processo em que o "Caçador dos céus" havia estado em seu encalço. Curvou-se a dura cerviz autossuficiente. O touro estava domado.

Paulo era um intelectual que resistiu à lógica divina (Atos 9:4-8)

Se a conversão de Paulo não foi repentina, também não foi compulsiva. Cristo falou com ele em vez de esmagá-lo. Cristo o jogou ao chão, mas não violentou sua personalidade. Sua conversão não foi um transe hipnótico. Jesus apelou para sua razão e para o seu entendimento.

Jesus perguntou: "Saulo, Saulo, por que me persegues?" Paulo respondeu: "Quem és tu, Senhor?" Jesus respondeu: "Eu sou Jesus, a quem tu persegues". Jesus ordenou: "Mas levanta-te" e Paulo prontamente obedeceu! A resposta e a obediência de Paulo foram racionais, conscientes e livres.

A soberania de Deus não anula a responsabilidade humana. Jesus picou a mente e a consciência de Paulo com os seus aguilhões. Então se revelou através da luz e da voz, não para esmagá-lo, mas para salvá-lo. A graça de Deus não aprisiona. É o pecado que prende. A graça liberta!

Paulo foi um homem completamente transformado (Atos 9:3-20)

Sobre a transformação de Paulo, três fatos benditos merecem seu devido destaque:

Uma gloriosa manifestação de Jesus (Atos 9:3-6)

Três coisas aconteceram a Paulo:

[82]   Oito homens que influenciaram o mundo

Paulo viu uma luz (Atos 22:6,11)

Subitamente uma grande luz do céu brilhou ao seu redor. Aquilo não fora uma miragem, um êxtase, uma visão subjetiva, mas sim uma grande luz do céu, tão forte que lhe abriu os olhos da alma e tirou-lhe a visão física. Ele ficou cego pelo fulgor daquela luz (Atos 22:11). Não fora apenas uma luz que aparecera a Paulo, mas o próprio Jesus (Atos 9:17). Aquela luz era a glória do próprio Filho de Deus ressurreto.

Paulo caiu por terra (Atos 22:7)

O touro furioso, selvagem e indomável estava agora subjugado. Aquele que prendia estava preso. Aquele que encerrava cristãos em prisões estava agora dominado. Aquele que se achava detentor de todo o poder para perseguir estava agora prostrado ao chão impotente. O Senhor quebrara todas as suas resistências.

Paulo ouviu uma voz (Atos 22:7)

O mesmo Jesus que ferroara sua consciência com aguilhões agora troveja aos seus ouvidos desde o céu: "Saulo, Saulo, por que me persegues? Dura coisa te é recalcitrares contra os aguilhões" (Atos 26:14). A voz do Senhor é poderosa. Ela despede chamas de fogo. Ela faz tremer o deserto. Ela é irresistível. Paulo, então, perguntou: "Quem és tu, Senhor? Ao que me respondeu: Eu sou Jesus, o Nazareno, a quem tu persegues" (Atos 22:8). O mesmo Paulo que perseguia a Jesus (Atos 26:9) agora chama Jesus de Senhor. Ele se curva. Ele se prostra. O boi selvagem fora subjugado. Não há salvação sem que o pecador se renda aos pés do Senhor Jesus.

Uma humilde entrega de Paulo (Atos 22:8,10)

Três coisas devem ser destacadas:

Paulo reconhece que Jesus é o Senhor (Atos 22:8)

Aquele a quem ele resistira e perseguira é de fato o Senhor. Verdadeiramente, ele ressuscitou dentre os mortos. Verdadeiramente, ele é o Messias, o Filho de Deus. Aquela luz brilhou na sua alma, iluminou seu coração, tirou as escamas dos seus olhos espirituais (2Coríntios 3:16).

Paulo reconhece que é pecador (Atos 22:8)

Paulo toma conhecimento de que seu zelo religioso não agradava a Deus; antes, na verdade, estava perseguindo o próprio Filho de Deus. Paulo reconhece que é o maior de todos os pecadores, que está perdido e precisa da salvação.

Paulo reconhece que precisa ser guiado pelo Senhor (Atos 22:10)

A autossuficiência de Paulo acaba no caminho de Damasco. Ele pergunta: "O que farei, Senhor?" Agora, ele quer ser guiado e está pronto a obedecer. Ele, que esperava entrar em Damasco na plenitude de seu orgulho e bravura, como um autoconfiante adversário de Cristo, estava sendo guiado por outros, humilhado e cego, capturado pelo Cristo a quem se opunha. O Senhor ressurreto aparecera a ele. A luz que Paulo viu era a glória de Cristo e a voz que ouviu era a voz de Cristo. Cristo o capturou antes que ele pudesse capturar qualquer crente em Damasco.

A incontestável conversão de Paulo (Atos 9:9-20)

Três verdades atestam a veracidade dessa transformação:

(84) Oito homens que influenciaram o mundo

Sua vida de oração (Atos 9:9,11)

A prova, dada por Deus a Ananias, de que Paulo agora era um irmão e não um perseguidor é que Paulo estava orando. Quem nasce de novo tem prazer de clamar "Aba Pai". Quem é salvo tem prazer na comunhão com o Pai. Paulo é convertido e logo começa a orar.

O recebimento do Espírito Santo (Atos 9:17)

Ananias impõe as mãos sobre Paulo e ele recebe o Espírito Santo e fica cheio dele. Charles Spurgeon disse que é mais fácil você convencer um leão a ser vegetariano do que uma pessoa se converter sem a ação do Espírito Santo.

O recebimento do batismo (Atos 9:18)

Não é o batismo que salva, mas o salvo deve ser batizado. O batismo é um testemunho da salvação. Uma pessoa que crê precisa ser batizada e integrada à igreja. Ananias chamou Paulo de irmão. Ele entrou para a família de Deus.

PAULO, O MISSIONÁRIO

Após sua conversão, Paulo decide cumprir o comissionamento de Jesus. Destacamos quatro fatos benditos sobre o ministério de Paulo como missionário.

De perseguidor a perseguido (Atos 9:16)

Depois de sua conversão, Paulo enfrentou muitas aflições: Foi perseguido em Damasco, rejeitado em Jerusalém, esquecido em Tarso, apedrejado em Listra, preso e açoitado em

Filipos, escorraçado de Tessalônica e Bereia, chamado de tagarela em Atenas e de impostor em Corinto. Ele enfrentou feras em Éfeso, foi preso em Jerusalém, acusado em Cesareia, enfrentou um naufrágio indo para Roma e foi picado por uma víbora em Malta. Chegou a Roma preso e, mais tarde, acaba sendo decapitado pela guilhotina romana.

Esse homem trouxe no corpo as marcas de Jesus. Porém, em momento algum, perdeu a alegria, o entusiasmo e a esperança. Antes, disse em uma de suas cartas que a nossa leve e momentânea tribulação produz para nós eterno peso de glória (2Coríntios 4:17).

De agente da morte a pregador do evangelho da vida (Atos 9:20-22)

Paulo tornou-se um embaixador de Cristo, um pregador do evangelho imediatamente após sua conversão (Atos 9:20-22). Deus mesmo o escolheu para levar o evangelho aos gentios e reis, bem como perante os filhos de Israel (Atos 9:15).

Paulo pregou a tempo e a fora de tempo. Em prisão e em liberdade. Saudável ou doente. Pregou nos lares, nas sinagogas, no templo, nas ruas, nas praças, na praia, no navio, nos salões dos governos, nas escolas. Paulo pregou com senso de urgência, com lágrimas e no poder do Espírito Santo.

Aonde ele chegava, os corações eram impactados com o evangelho. Ele pregava não apenas usando palavras de sabedoria, mas pregava com demonstração do Espírito e de poder (1Coríntios 2:4; 1Tessalonicenses 1:5).

De devastador da igreja a plantador de igrejas (Atos 9:15)

Paulo foi o maior evangelista, o maior missionário, o maior pastor, o maior pregador, o maior teólogo e o maior

[86] Oito homens que influenciaram o mundo

plantador de igrejas da história do cristianismo. Ele plantou igrejas na região da Galácia, na Europa e também na Ásia. Não apenas plantou igrejas, mas as pastoreou com intenso zelo, com profundo amor e com grave senso de responsabilidade. Pesava sobre ele a preocupação com todas as igrejas (2Coríntios 11:28).

De recebedor de cartas para prender e matar a escritor de cartas para abençoar e salvar (Atos 9:2)

Como perseguidor e exterminador dos cristãos, Paulo pedia cartas para prender, amarrar e matar os crentes. Porém, depois de convertido, ele escreve cartas para abençoar. Paulo foi o maior escritor do Novo Testamento. Ele escreveu treze cartas. Suas cartas são mais conhecidas do que qualquer obra jamais escrita na história da humanidade. Suas cartas têm sido alimento diário para milhões de crentes em todos os tempos. Essas cartas são luzeiros que brilham, pão que alimenta, água que sacia a sede, verdades inspiradas pelo Espírito Santo que ensinam, exortam e levam pessoas a Cristo todos os dias.

Você é uma pessoa convertida ou apenas religiosa? Você é uma pessoa que tem recalcitrado contra os aguilhões ou tem se rendido ao chamado de Cristo? Você, que já se entregou a Cristo, já foi batizado ou ainda está fora da comunhão da igreja de Deus? Você que já foi transformado pelo evangelho, tem anunciado esse evangelho a outros ou apenas o tem guardado para si?

(Capítulo 8)
A conversão de um soldado graduado

Havia em Cesareia, na Palestina, um destacamento do exército romano, cujo império dominava toda a região. Nessa espécie de quartel-general em Cesareia, servia Cornélio, um centurião, um tenente a cargo de uma corporação de cem soldados. O texto completo sobre sua história se encontra no capítulo dez do livro de Atos. No capítulo anterior, vimos o relato da conversão de um perseguidor implacável. Agora veremos a conversão de um homem piedoso que, mesmo gentio, já havia conhecido o Deus verdadeiro e fazia orações a ele, vivendo de forma piedosa e dando esmolas.

DESTAQUES SOBRE A VIDA DE CORNÉLIO

O escritor do livro de Atos nos apresenta sete fatos dignos de nota sobre esse centurião romano chamado Cornélio:

Ele era um soldado graduado no exército (Atos 10:1)

Cornélio era um centurião romano, destacado em Cesareia, onde se encontrava o quartel-general do governo romano na Palestina. Na organização militar, a legião ocupava o primeiro lugar. Tratava-se de uma força composta de seis mil soldados. Em cada legião havia dez coortes, ou batalhões, que possuíam cada uma seiscentos homens. A coorte, por sua vez, estava dividida em centúrias, compostas de cem soldados, comandadas

Oito homens que influenciaram o mundo

por um centurião. Os centuriões eram a espinha dorsal do exército romano.

Deus recruta pessoas para o seu reino de todos os lugares. Cornélio era um soldado romano, mas se alistou na família de Deus, para ser um soldado de Cristo.

Ele era um homem generoso ao próximo (Atos 10:2,3)

A piedade não pode ser separada da caridade. Cornélio não havia se endurecido com o exercício do seu trabalho; ao contrário, era de coração generoso. Além de dar muitas esmolas ao povo, ele praticava obras que abençoavam as pessoas (Atos 10:2) e até mesmo chegavam diante de Deus no céu (Atos 10:3). Cornélio tinha o coração, as mãos e o bolso abertos para ajudar os necessitados. Seu amor não era apenas de palavras, mas de fato e de verdade. Ele não dava apenas esmolas esporádicas para aliviar sua consciência, mas efetivamente socorria os necessitados no meio do povo. Mesmo sendo um gentio vivendo em terras palestinas, ele era generoso em dar em vez de explorar o povo.

Ele era um homem piedoso e temente a Deus (Atos 10:2)

Deus sempre busca os que o buscam. Cornélio era piedoso e temente a Deus. Ele havia abandonado a religião ancestral dos romanos com seus muitos deuses e ídolos. Ele se cansara do politeísmo e da idolatria do seu povo e se voltara ao Deus vivo.

Cornélio era um prosélito. Ele tinha abraçado a fé judia e acreditava em Deus. Ele havia rompido com sua religião, com seus deuses, com seus cultos. Sua teologia havia mudado e sua vida exterior também.

Ele era um homem de oração (Atos 10:2,4)

Cornélio era um homem que tinha uma vida intensa de oração. Ele de contínuo orava a Deus (Atos 10:2). Suas orações subiram até Deus (Atos 10:4). Cornélio era um homem conhecido na terra e conhecido no céu. Ele não só tinha abandonado seus deuses, mas buscava ter comunhão com o Deus vivo. Sua vida de oração era abundante. Ele falava com Deus continuamente. Ele orava regularmente. Foi na hora nona de oração, que o Senhor lhe enviou um anjo (Atos 10:30).

Ele era um pai de família exemplar (Atos 10:2)

Cornélio não era um líder eficaz apenas fora de casa, mas também e, sobretudo, dentro de sua casa. Ele tinha autoridade com seus soldados e também com seus familiares. Ele era um homem íntegro e de vida exemplar dentro de seu lar. Ele liderou sua casa na busca a Deus. Ele era o sacerdote de seu lar e a conduziu a ser também uma família piedosa e temente a Deus.

Muitos homens têm medalhas fora dos portões, mas fracassam dentro do lar. Cornélio era um líder dentro e fora de casa. Sua vida era bela por fora e por dentro. Ele não vivia de aparências. Ele era um homem coerente e íntegro.

Ele era influenciador (Atos 10:2,7,22)

Cornélio liderou espiritualmente sua família (Atos 10:2) e também alguns dos soldados que estavam debaixo de sua autoridade (Atos 10:7), além de ter bom testemunho de toda a nação judia (Atos 10:22). Ele era um influenciador dentro de casa, no trabalho e na sociedade. Ele deixava sua marca por onde passava.

[90]   Oito homens que influenciaram o mundo

Ele era disposto a agradar a Deus (Atos 10:4,5,8,33)

Alguns fatos sobre Cornélio são dignos de nota aqui. Ele tinha um conhecimento limitado, a ponto de se prostrar diante de Pedro e o adorar (Atos 10:25,26). Ele confundiu a criatura com o Criador e o evangelho com o evangelista. Pedro, porém, o corrigiu ordenando que adorasse a Deus.

Nada obstante as limitações de Cornélio, destacamos três pontos sobre ele:

Cornélio era acostumado a dar e receber ordens (Atos 10:4,17)

Ele tinha cem homens debaixo de suas ordens, mas, quando recebeu uma visão do anjo, prontamente perguntou: "Que é, Senhor?" Quando Deus lhe enviou uma visão, ele obedeceu. Quando Deus lhe falou, ele prontamente buscou compreender a vontade divina. Ele enviou seus domésticos e um soldado piedoso para irem ao encontro de Pedro.

Cornélio era sedento pela Palavra de Deus (Atos 10:24,33)

Cornélio tinha pressa e disposição em ouvir a Palavra de Deus. Ele estava esperando pela chegada de Pedro (Atos 10:24). Ele se preparou para receber a Palavra de Deus. Ele tinha anseio de conhecer o que Deus esperava dele.

Cornélio ansiava levar outras pessoas a também conhecer a Deus (Atos 10:24,33)

Cornélio reuniu seus parentes e amigos íntimos. Ele queria compartilhar com sua família e com seus amigos a mensagem que iria receber. Ele tinha um coração evangelístico mesmo antes de sua conversão.

VERDADES SOBRE A CONVERSÃO DE CORNÉLIO

Cornélio era um homem com muitas virtudes. Um soldado graduado, um chefe de família exemplar, um cidadão abençoado e abençoador. Ele tinha sede de Deus e era temente a Deus, mas ainda não estava salvo. Algumas verdades essenciais precisam ser destacadas aqui.

Ser uma pessoa religiosamente sincera não é suficiente para alguém ser salvo (Atos 10:2,5,36)

Cornélio era piedoso, temente a Deus, dava esmolas ao povo, orava de contínuo a Deus, era um sacerdote do lar, um influenciador no seu trabalho e gozava de bom testemunho em toda a nação. Era um homem conhecido na terra e no céu. Porém, ele ainda não conhecia o evangelho e o anjo lhe ordenou chamar a Pedro para que este lhe pregasse o evangelho da paz (Atos 10:36).

A sinceridade não é suficiente para levar as pessoas ao céu. A teoria de que toda a religião é boa e que todos os caminhos levam a Deus está em franco desacordo com essa passagem bíblica. Cornélio era um homem sincero e virtuoso. Ele tinha testemunho exemplar dentro de casa e fora de casa, mas ainda não era salvo. Ele orava e dava esmolas, mas não era salvo. Era um homem respeitado por toda a nação, mas não era salvo.

Aonde o evangelho da paz chega, os preconceitos caem por terra (Atos 10:34,35)

Deus estava preparando o caminho do evangelho para os gentios, colocando Pedro na casa de Simão, o curtidor. Esse

[92] Oito homens que influenciaram o mundo

homem lidava com peles de animais. E todo indivíduo que tocava em um animal morto ficava impuro. Um judeu jamais aceitaria ficar na casa de um curtidor. Deus já estava levando Pedro a quebrar seus preconceitos e tabus.

Pedro resistiu à visão que recebeu. Ele se contradisse quando disse: "De modo nenhum, Senhor!" (v. 14). A resistência não foi de Cornélio em ouvir o evangelho, mas de Pedro em ir à casa de um gentio pregar o evangelho.

O evangelho da paz não faz distinção entre judeu e gentio, entre homem e mulher, entre doutor e analfabeto, entre religioso e ateu. O evangelho quebra muralhas, despedaça grilhões, rompe os tabus, quebra preconceitos e faz da igreja um único povo, um único rebanho, uma única família. Não importa a cor da sua pele, a sua tradição religiosa, o sobrenome da sua família, o evangelho é destinado a você.

A evangelização é uma tarefa humana e não de anjos (Atos 10:4,5)

Um anjo do Senhor falou do céu a Cornélio e lhe deu ordens da parte de Deus, mas não lhe pregou o evangelho. Cornélio precisou enviar mensageiros à cidade de Jope, a cinquenta quilômetros de Cesareia, a fim de que Pedro viesse pregar o evangelho para ele e sua família.

O método de Deus é a igreja. Se a igreja falhar, Deus não tem outro método. Deus não confiou a evangelização aos anjos nem ao Estado. Esse trabalho deve ser feito pela igreja. Somente os que foram alcançados pela graça devem ser os instrumentos de Deus para levar ao mundo o evangelho da graça.

O evangelho está centrado na pessoa e na obra de Cristo (Atos 10:36-43)

Pedro vai à casa de Cornélio e prega o evangelho da paz para ele e sua família. O conteúdo do evangelho pregado por Cornélio tem alguns destaques:

O evangelho está centrado na vida e nas obras portentosas de Cristo (Atos 10:38)

Deus ungiu Jesus de Nazaré com o Espírito Santo e poder para fazer o bem e curar todos os oprimidos do Diabo. Jesus libertou os cativos, curou os enfermos e libertou os atormentados. Ele perdoou pecados, curou os cegos, limpou os leprosos e ressuscitou os mortos. Aonde Jesus chega, aí entra a esperança e a vida. Onde Jesus estiver, aí reina a vida e não a morte. Onde Jesus estiver, os grilhões que oprimem e escravizam são despedaçados.

O evangelho está centrado na morte de Cristo (Atos 10:39)

A morte de Cristo é a nossa carta de alforria. Ele morreu, não como um mártir, mas como nosso substituto. Sua morte foi em nosso lugar e em nosso favor. Ele morreu para que pudéssemos viver. Temos vida pela sua morte.

O evangelho está centrado na ressurreição de Cristo (Atos 10:40,41)

Deus ressuscitou Jesus dentre os mortos. Ele rompeu as cadeias da morte. Ele abriu o túmulo de dentro para fora. Ele venceu o pecado, a morte e o Diabo. Ele, agora, tem as chaves da morte e do inferno. Ele tirou o aguilhão da morte. A morte não tem mais a última palavra. A ressurreição é a pedra de esquina do evangelho. Se Cristo não tivesse ressuscitado, nossa

[94] Oito homens que influenciaram o mundo

fé seria vã, nossa esperança seria vã e nossa pregação vazia de significado. Se Cristo não tivesse ressuscitado, ainda estaríamos presos aos nossos pecados.

O evangelho está centrado no Senhorio de Cristo (Atos 10:36,42)

Jesus é o Senhor de todos (Atos 10:36) e o Juiz de vivos e de mortos (Atos 10:42). Todos terão de comparecer perante ele para prestar contas de sua vida. Todo joelho terá de se dobrar e toda língua terá de confessar que Jesus Cristo é Senhor para a glória de Deus Pai.

O evangelho oferece remissão de pecados para todo o que crê (Atos 10:43)

A remissão de pecados, o perdão dos pecados, a salvação, a vida eterna não são alcançados pelas obras nem pela religião, mas por crer em Cristo. Quem crê tem a vida eterna (João 6:47). O que nele crê não perece, mas tem a vida eterna (João 3:16).

Aqueles que recebem o evangelho recebem o Espírito Santo e devem ser integrados à igreja (Atos 10:44-48)

Os gentios creram e foram batizados com o Espírito Santo e, imediatamente, foram também batizados com água e integrados à igreja. Todo aquele que crê deve integrar-se na igreja de Deus por meio da pública profissão de fé e batismo. Jesus disse: "Quem crer e for batizado será salvo" (Marcos 16:16).

Cornélio e toda a sua casa foram convertidos, batizados com o Espírito Santo e receberam também o batismo com água.

A conversão de um soldado graduado (95)

E você, já entregou sua vida a Jesus? Já recebeu o Espírito Santo? Já decidiu ser membro da igreja de Deus, fazendo sua pública profissão de fé e batismo? Não demore mais, chegou a sua vez. Hoje é o dia oportuno. Hoje é o dia da sua salvação.

Sua opinião é importante para nós.
Por gentileza, envie-nos seus comentários pelo e-mail:

editorial@hagnos.com.br

Visite nosso site:

www.hagnos.com.br